國家圖書館出版品預行編目資料

解開神奇數字代碼 / 太乙編著－初版 -- 臺南市:易林堂文化，2012.11 - 冊 ； 公分 　ISBN　978-986-88471-5-6(第 1 冊:平裝) 　1.占卜　2.數字 　292.9　　　　　　　　　　　　101022901

解開神奇數字代碼《一》

作　　者 / 太乙
總 編 輯 / 杜佩穗
執行編輯 / 王彩鸞
發 行 人 / 楊貴美
美編設計 / 圓杜杜工作室
出 版 者 / 易林堂文化事業
發 行 者 / 易林堂文化事業
地　　址 / 台南市中華南路一段186巷2號
電　　話 / (06)2158691
傳　　真 / (06)2130812
電子信箱 / too_sg@yahoo.com.tw
2012年11月25日初版

總 經 銷 / 紅螞蟻圖書有限公司
地　　址 / 台北市內湖區舊宗路二段121巷28號4樓
網　　站 / www.e-redant.com
郵撥帳號 / 1604621-1 紅螞蟻圖書有限公司
電　　話 / (02)27953656　傳　　真 / (02)27954100
定　　價 298元

目　錄

總編輯的話:

擁有本書，猶如天書再現
如同請一位專業諮詢師回家

　　數字除了代表單位、計算、數量、人的代碼之外，它涵蓋了宇宙間無數的神祕力量，也非三言兩語能道盡，這連天地鬼神、天文、地理、人生的生活百態都潛藏在這數字當中，所以我們能透過這數字的組合來解開這神秘的數字代碼。

　　數字本身含有五行、質氣、九宮、方位、濕寒燥熱，利用這交互作用，用以規劃，進一步達到自己最有利的目地，是一種解碼，也是一種預測學，用以作為占驗、卜卦之原理，使用最普遍取得的撲克牌，作為工具，來引導數字組合的出現，再透過本書為您精心設計的 100 組，1 對 1 到 10 對 10 的數字組合，解開神秘數字的代碼，百斷百驗，讓您無法思索這不可思議的力量從何而來，反正就是準，猶如天書再現，擁有本書，如同請一位專業諮詢師回家，隨時隨地可諮詢。

民國 101 年 10 月 13 日

易林堂文化事業　　總編輯 杜佩穗

4

銀行主管拓展客戶之必備良書

走過一甲子，尚以為樹木於夏天枝葉茂盛是成長之象，殊不知樹幹成長係於「冬至一陽升」後，往下紮根成長茁壯；在人生成長階段中，常有機會接觸「八字學」書籍，唯每次開始閱讀總興趣勃勃，最後卻是草草收場，究其原因為坊間之八字學書籍水準參差不齊且艱澀難懂。去年一百年十二月中旬機緣成熟，經由同事楊經理天佑引薦下，跟隨太乙老師學習易經八字，太乙老師以十二長生位之陰陽消長來闡釋《易經》六十四卦之來源，易懂易記，不用死背，並將《易經》六十四卦、《八字》六十甲子及《契機法》結合為一，以淺顯之白話文來論斷人生的富貴貧賤、盛衰枯榮；學習至今雖短短半年卻能豁然開朗，深深體會大自然生態法則及日月運行交替之道，有別於傳統命理侷限於五行生剋教條，傳統八字認為水生木，有益於木，事實上地支之水不能生木，癸亥、壬子只會使木受傷。

身為銀行主管必須面對的兩大課題為內部管理及經營績效。內部管理可運用八字學掌握員工之人格特質，適才適用，有效防止內部弊端發生及凝聚員工之向心力。另經營績效目標之達成，除充分

利用銀行內既有之資源外，尚須不斷地累積人脈，易經八字學亦為結交人脈之另一門徑；在拓展新客戶時，常將太乙老師這套細密、顛撲不破之命理論述拿來現學現用，博取不少客戶之信賴。例如拜訪某客戶時，該客戶將其就讀國中二年級大兒子之八字予我推算，我一看年柱「丁丑」無印星，便說：「你兒子腳常扭傷，且上高中後才想認真讀書。」該客戶嘖嘖稱奇對我說：「我兒子腳就是經常扭傷並老是說上高中後才要好好唸書。」距離拉近後，連其內人的八字都拿出來，其內人之年月柱地支皆為戌，我問其小時候是否住在廟宇附近，他滿臉疑惑問我：「你怎麼知道？」凡此種種，在行銷客戶中常常發生，掌握了不少新客戶，自己論斷功力亦日益增進。

感謝太乙老師僅將易經八字學視為工具，不以秘笈自居，無私無藏教誨後學，今適逢老師大作即將付梓，在此預祝老師易經八字學立基於台南，光大於高屏，風行於全台。

學生　合作金庫銀行經理
黃耀南
壬辰年丙午月謹序

靈巧中有生機、平實中有禪味

掀開"太乙老師"又有即興創意版即將付梓，眾學人及門生，皆欣喜雀躍，拭目以待。初入太乙師門，於浩瀚八字學海中，蒙昧無知，嗷嗷待哺之際，承師不棄，囑以作序。

自揣鄙陋，不敢逾越，謹以入門 70 餘日，淺得，聊表敬忱，回顧數十寒暑，芒鞋踏破千頭嶺，暮然回首。巧遇恩師深覺此是五林奇葩，難得罕見，又非常可愛奇人異大。

太乙老師處其「八字聖殿」以其生龍活虎、磅礡氣勢，依循其獨創「大自然運行軌則」，將「八字基因密碼」演繹得栩栩如生，彷如一幕幕人生舞台劇，如歌如泣，盡訴人間多少情海恩怨、官場得失、生離死別。

老師更展露無深邃之智慧，以誨人不倦的大愛，牽引著，「忙、濛、茫、惘、盲，」多少迷途的羔羊，得以擇其生命的最佳「契機點」，讓人生重現「生機及光芒」，真是靈巧中有生機、平實中有禪味。

太乙之為書者、不可遠；為道者，也屢遷，變動不店、周流六虛、上下無常、剛柔相易。不可為典要，唯變亂宜。其中道盡了太乙 22 字真訣，心要奧秘。

值此：花甲之斗，結緣太乙真知，實有天時不予我之憾，縱然也仍不失一份「深研的執著」，期盼即盡人為，將恩師深具鬼斧神工之妙，竅中蘊藏之灼知洞見，溶入身心整合的志業。發揚太乙（天易）智慧于人海沉浮中，為有緣生命作尊航，福慧雙學，了此餘生。至祈、至禱。

恩生　一粒米　于鄉居
壬辰年農曆 9 月 7 日　乙卯日

緣　起

八字時空洩天機—雷、風兩集出版，廣受大眾的喜愛，但諸多讀者希望將十個數字十天干與十天干之互動，再以白話的方式寫作，能成為占卜之活字典，方便查尋，如今已整理編撰完成，能對期待許久的朋友，有所承諾交代，亦是能與更多讀者結緣最好的時機，也是八字學進階必備的跳板。

八字學入門相當簡單，但易學難精，八字學雖然只有八個字，但其中之錯綜複雜、包羅萬象、含蓋人一生的富貴窮通、喜怒哀樂、生老病死，弄得大家團團轉；但今日解開神秘數字的代碼，則是透過 2 個字，由這兩個字的變化，解開萬事萬物、生滅成敗之變化，比八個字還簡單 4 倍，本書要說入門也可以，要說是研究也可以，因為八字學的一切組合，完全都在本書的這兩個數字當中。

我們在論八字時，也不是一次就論八個字，而是用兩個字、兩個字的交互作用而論，所以本書雖然感覺是入門，但卻是八字學研究班課程最重要的跳板，透過耳熟能詳的 10 個數字，解開十天干蘊藏的能量，也透過由十天干解開神秘數字的代碼。

透過兩個數字來解開人生的變化是我獨創的，在台南市大學路救國團本部及台南市國立生活美學館(前社教館)，以兩個數字占卜，作為八字學入門的基礎學，廣受到學生的讚賞喜愛，稱之「**太乙兩儀卦**」，由兩儀生四象、四象生八卦、八卦生成萬物。

所以兩儀可變化萬千，您說這力量大不大呢？不要小看這本書，這本書是 2 的 N 次方，是無限的容量，願透過本書，能與您再次結緣。

本書之後的另一本著作，「**解開神奇數字代碼《二》**」，是透過車牌、門牌、身份證、手機的末兩個尾數，來解開其涵義、事項，敬請期待。

在此也感謝小孔明(蔡志祥)老師、宏宥老師及太乙文化事業的許碧月，以及台南市國立生活美學館附設長青大學，副班長何家誼，你們的心得整理提供，讓本書的內容更豐富，在此致上十二萬分的謝意。

太乙 謹序

壬辰年 8 月 25 甲辰日

民國一〇一年十月十日星期三　　双十國慶

如何將十個數字應用於卜卦

太乙兩儀卜卦法祕訣(兩儀卦創始人 太乙)

　　學習數字或八字、五行最重要的是要不斷反覆研習、訓練，我們可用最簡單方法，達到最好的學習成果，那就是透過撲克牌作為占卜的工具，以下是教您如何用撲克牌占卜，占卜抽牌後要如何解析運用，從30頁至159頁為1對1到10對10的100組數字組合，查詢活字典解析。

　　本書只要您誠心誠意的使用它，必會有神奇的應驗。

兩儀卜卦步驟

步驟❶：先準備四副撲克牌，選出自己喜歡的其
　　　　中一種圖案(梅花、鑽石、紅心、黑桃)，
　　　　只用自己所選出圖案裡的數字牌(1～
　　　　10)，四副加總共是四十張，(圖案必須
　　　　相同)。

步驟❷： 充分洗牌後，心裡默念卜卦者想問的事情，然後抽出兩張牌，這兩張牌的第一張是代表卜卦者本人，第二張代表所問之事，而這兩張牌就是代表問卦者本人和問題之間的對應關係。

步驟❸： 由本書30頁至159頁查出，所抽到的兩個數字牌，是代表什麼的數字屬性，兩個數字的交互關係為何，就有詳細的解說及答案了。

步驟❹： 從本書查出這兩張牌之間的數字對待五行生剋，也可用十神法應用於人事、六親的屬性、特定人物之互動，（由179頁的天干十神表查詢），對待關係，由此推論卜卦者的第一張，代表本身，來對應所抽出的第二張牌相互間的影響及互動關係。

問題占卜解析、論斷的應用

我們在應用上要先將第11頁的兩儀卜卦的四個步驟先做了解，然後針對問題事項，充分洗牌後，心裡默念卜卦者想問的事情，然後抽出兩張牌，這兩張牌的第一張是代表卜卦者本人，第二張代表所問之事，而這兩張牌就是代表問卦者本人和問題之間的對應關係。

以下例舉四個案例及步驟、方法、論斷的應用，作為實際操演，進入本書的實戰應用。

應用例1：先誠心誠意默念：我想買房子，今天去看一間房子，地址是台南市○○路○○號四層樓的透天厝，不知這房子好不好？

默念完後抽出第一張牌，假設為1（甲），者將此牌放在桌前左手邊，再默念一次，抽出第二張牌，假設為4（丁），放在桌前右手邊，者其組合為1對4（甲見丁），再翻閱34頁，查對數字1對4的詳解，其解析為：『1對4，1為甲木，為高大的樹木、也為指標性人物，4丁為遠紅外線，4丁火給予1我好的

磁場，使我1得到自信茁壯成長。我1對對方4付出，對方4給我1好的回饋與回報，互有助益。

以1來說，1因4(十神對待請查閱179頁)得到舞台，發揮長才，展現魄力。以4來說，4因為1得到關愛、福蔭、權利、得到學習成就。所以1遇4，是一組最佳的組合，兩者共同創造未來。

1遇4，1為自我甲木，4為能量、磁場、香火，代表只要我慎終追遠，懂得敬仰祖先、心存善念、尊敬鬼神，將會得到另一股無形力量的加持。』

所以我為主體1，房子為對應4，我1得到4的磁場、福蔭，代表這間房子是好的。

假如第一張牌為4，者代表主體的我，第二張牌10，者代表所問之事的對應關係，兩張牌的組合是4對10，此時翻閱75頁查對數字4對數字10詳解，其解析為：『4對10，4為丁、為磁場、能量、香火；，10為0為癸水、為雨露之水，水滅火，癸滅丁，癸丁交戰，丁火受傷，丁與癸(4與0)來自於上天給予得機會、能量、時機，丁4為太陽遺留之溫度、癸水10從天而降，所以此組合想要有速成之功及投機

的心態，但往往事與願違，反而到最後是一場空，而且自身的4是受傷、被毀滅的。

　　此組合4、0的組合，是100組合當中最容易造成衝突、毀滅、玉石俱焚的組合，不得不防範。4對10的組合，只要不改變現況，保持現況，不要求追速成、不要投機，就能將損失降到最低了，面對外在環境的壓力、衝擊時，宜以靜制動，化解危機，免得到時四面楚歌。』

　　所以我主體4，房子為10的對應關係，4被10破壞、毀滅，代表這間房子磁場不好，曾有人在此往生，心不甘情願，有香火斷層之事，最好另選別間為妙。

應用例2： 先誠心誠意默念：我想換工作，想到○○公司，地址是高雄市○○區○○路○○號，不知到這間公司的工作、發展如何？

　　默念完後，抽出第一張牌，假設為3(丙)，者先將此牌放在桌前左手邊，再默念一次，抽出第二張牌，假設為5(戊)，將其放在桌前右手邊，再翻閱59頁，查對數字3對數字5詳解，其解析為：『3對5，

3為太陽、能量；5為高山戊土。太陽對應高山，以5來說，5以3丙火為印星（十神的對應關係，請查閱179頁）、學習、成長、福蔭，5因為有了印星，而得到溫度、能量，讓本身5更有自信，而能守得住金錢、感情，得到權利。

太陽是十天干10個數字當中，最快的驛馬星，太陽3為了戊土5高山，一直繞著不停的運行，從東邊升起，西邊太陽下山，由東往西，不會固定在同一處，象如奔波勞碌，為了發揚自身的理念，四處現身說法，找尋人生舞台，將才華展現，創造自己燦爛的一片天。』

所以3主體我對應高雄市那間公司為5，為奔波勞碌，相當忙碌，還是另找別間公司好了。

應用例3： 先誠心誠意默念：我想要和男朋友姓名○○○結婚，家住台中市○○區○○路○○號，不知他是否會向我求婚？

默念完後，抽出第一張牌，假設為9，者將此牌放在桌前左手邊，再默念一次，抽出第二張牌，假設為1，者將此牌放在桌前右手邊；再翻閱本書

127頁，查對數字9對數字1的詳解，其解析為：『9對1，9為壬水、為河流、溪水、海洋、湖泊，總言之，為面積大的水；1為甲木、為樹木、果樹、指標性人物，即使1為大樹木，又遇到這麼廣大的水流，被其所困，當然會造成1甲木的傷害，由其根部腐敗，整株死亡更為可怕。

9遇1，但問題是我為9水，對方為1甲木，是我造成對方的傷害，對方因我身敗名裂，對方因我身陷洪水患之中；為了避免造成別人的損傷，宜放棄執著，改變方式，會有更好的結果，避免誤傷了別人，而造成自己的損失。

9遇1的組合為食神、表現、才華，代表我的表現很容易傷及無辜，宜小心防範，並且可透過4丁火、祖先、神佛的力量，來化解這9壬水所造成的虧損。』

所以此組合代表我9對男友1是不錯的，是付出關心和愛的，但男友為1甲木遇到這麼多的關愛，反而覺得被約束的感覺，內心感到無比的壓力，所以短時間還不會向您求婚。

假如第一張牌是6，第二張牌是1，者翻閱本書90頁，查對數字6對數字1的詳解，其解析為：『6對1，6為己土平原、良田、土地，1為甲木，高大的樹木，指標性人物。6以1為官星（十神的對應關係，請查閱179頁）、為事業、為女命之老公、男朋友、男命之女兒；1以6為財星、金錢、感情，但因1為高大樹木，遇6鬆軟之土地，根基不穩固，1只要越有成就，事業越大，其遇到6產生的危險性就越高，不堪一擊，容易被連根拔起，宜更謙虛待人，才能保住江山。

　　6遇1，代表事業是我可以掌握的、能與我合為一、我擁有、我投入。1與6的組合是一組陰陽組合，有如夫妻之合，1為夫，6為妻，夫聽命於妻，1遇6失去大男人之情性，6遇1做事業駕輕就熟、事業工作主動而來，但6、1的組合，宜下不宜上，要保守，即能得到成就。』

　　所以此組合代表男友1來合6的您，想以您的意見為意見，您只要給他一個暗示，他就會主動向您

求婚。6對1的組合，是男友為您改變大男人的個性，您將擁有1，1將為您改變情性。恭喜妳。

應用例4： 先誠心誠意默念：我母親的身體狀況如何？

默念完後抽出第一張牌，假設為3（丙）者先將此牌放在桌前左手邊，再默念一次，抽出第二張牌，假設為6（己）其組合為3對應6，再翻閱60頁數字3對6的詳解，其解析為：『3對6，3為太陽丙火，每天釋放出熱情的能量；6為良田、土地。太陽3對應平原、土地6，太陽普照、萬物生成、生機無限，為對方心甘情願的付出，無所怨言、全力以赴，而讓6己土創造出價值，受予者己土6能得到呵護、成長，無中生有創造出權貴，我們稱官印相生，乃因3的普施大地，而讓6生成萬物。

3施予6，3得到舞台展現，表現最完美的一部分，才華洋溢、名聲遠播，也突顯被利用的價值。當3的施予，6的得到能量而成長、進步，是3最大的榮耀與喜悅，如此3再多的付出，也只能用一句

話來形容！一切都值得。』

　　所以此卦如問事業是相當的好，乃無中生有，但問身體會無中生有者是不好的，3遇到6代表3讓6得到無中生有，母親身體有長東西，宜到醫院做診治、檢查。

　　以上四個應用舉例，只要您照著方法作，依步驟作，常應用，就能斷驗如神，隨時隨地可占卜，但要注意四點：①占卜時不可開玩笑、嬉鬧。②酒後不可沾。③精神不好不可占。④沒有互動的人，不能占；沒有人委託，我們不能幫他占卜。只要避開以上的四點，保證百斷百驗，如同請一位專業諮詢師回家，隨時隨地可諮詢，自用以及為人占驗或研究套入八字，是最有價值的一本工具書。

撲克牌圖案的意義：

撲克牌圖案個別的意義解說：

♣ 黑花代表（木）也為1及2的情性——春天開創之氣，萌芽、初始宏大有投資創業、喜愛新的事物、開創、無中生有、文書、學習、啟蒙、生意人，象徵萬物之初生代表甲乙木之情性。

♥ 紅心代表（火）也為3及4的情性——夏天蘊釀之氣，亨通暢達、努力、熱情、主動、好客、活潑、外向、喜歡付出、照顧別人，也為愛的表現象徵萬物之成長、興旺，代表丙丁火之情性。

♦ 方塊代表（金）也為7及8的情性——秋天收斂之氣，合宜有利、收成小有積蓄，有形的物質、甜美的果實可秋收，也為思考、思緒，象徵萬物之豐盛，代表庚辛金之情性。

♠ 黑桃代表（水）也為9及10的情性——冬天守成之氣，誠信永固、保存、喜動頭腦、有智慧，喜歡研究、研發、較神秘，象徵萬物之收藏、冬藏、黑夜的到來，代表壬癸水情性。

♣撲克牌數字中所代表的天干及物象

撲克牌數字為❶者：

甲木代表高大的樹木、指標人物、高樓大廈地標、突顯的、有主見的、老闆、上司、主管。

◎可讓1產生可敬的對手；可讓2有目標、方向扶搖直上。讓3覺得有成就感；讓4有寄託；讓5做好水土保持；讓6突顯其價值；讓7求財有目標；讓8變為果實；讓9產生侵伐性；讓10育木有功。1喜歡4及8，不喜歡3與7，也喜愛癸水10的滋養。遇5戊根基穩定，可得大財，心想事成。

撲克牌數字為❷者：

乙木代表小花草藤蔓、競爭者、成長快速、小人、軍師。

◎遇到1甲，人生有方向目標；遇2乙木競爭對手出現；遇到3太陽，可讓2快速成長；遇到4丁事倍功半；遇到5求財辛苦；遇到6為財利豐收享成。遇到7庚以柔合剛，事業來找我；遇8果實收穫，即將功成身退；遇9遠方求知；遇10得癸水滋潤而長。

撲克牌數字為❸者：

　　丙火代表太陽火、熱情、名望之人、曝光、展現、全包、無效率。

◎遇1突顯其成就感，但卻讓1疲憊不堪；遇到2乙木可展現被需要的價值；遇3丙火兩強相爭；遇4普施也為搶奪；遇5戊奔波勞碌；遇6己生成萬物；遇7財星入命、借刀殺人；遇8因感情所困；遇9名望突顯；遇10忽晴忽雨，情性不定。

撲克牌數字為❹者：

　　丁火代表重效率、結果，為磁場、極高溫、溫度、小火也為月亮，人工製作出來的火，如電燈、爐火、燭火…等。

◎遇1甲可突顯被需要的價值，互謀其利。遇2乙木，事倍功半；遇3舞台盡失；遇4爭先恐後、財物損失；遇5執著於事物、半壁點燈；遇6付出多收獲少；遇7求財辛苦；遇8親同手足；遇9事業自來、權利可得。遇10玉石俱焚、毀滅之象。

撲克牌數字為❺者：

　　戊土代表高山之土或是堅硬的石材、燥土、個性固執、宗教、修行之人。

◎遇1事業穩固；遇2心事誰人知；遇3對方為我奔波勞碌；遇4不勞而獲；遇5安泰如山、錢財自來；遇6願意付出、普施大眾；遇7安泰如山；遇8密雲不雨；遇9難以溝通；遇10金錢流失。

撲克牌數字為❻者：

　　己土代表平原或田園之溼土、可塑性高的土，如黏土、泥土、陶土、平易近人、博愛。

◎喜歡遇到太陽3，能無中生有，遇9名揚四海，財星自來。遇到1甲成就自我、事業心想事成；遇2乙擴展事業人脈、連鎖事業、開分店；遇3丙名利雙收、無中生有；遇4丁內心不安；遇5戊難以溝通、泰山壓頂；遇6己平易近人、荒郊野外；遇7庚風行天下、充分授權；遇8辛埋沒人才、重新播種；遇9入宅請客；遇10癸，事與願違、無法自拔。

撲克牌數字為❼者：

　　庚金代表將軍、速度、斧頭、刀劍、鋼筋等堅固的金屬，也代表強烈的氣流，如颱風。

◎遇1努力賺錢；遇2因情所困、財星自來；遇到3積極有收穫；遇4工作不定、近廟輕神；遇5回家休息；遇6外出打拼；遇7兩強相爭、財物盡失；遇8如入無人之境；遇9廝殺極烈、水淹家園；遇10功成身退、安逸享福。

撲克牌數字為❽者：

　　辛金代表貴氣、前進不果、珠寶及貴金屬，也代表雲霧、病毒。

◎遇1成就自我、因貴人得財；遇2求財順利、食物發霉；遇3魅力十足；遇4化為烏有、前功盡棄；遇5安逸享福、與世無爭；遇6重新投胎；遇7退避三分、勢不兩立；遇8故佈疑陣、伸手不見五指；遇9原形畢露；遇10鬼魅纏身、陰氣沉沉。

撲克牌數字為❾者：

壬水代表積極、流動快速且力量大或面積大的水，如海水、瀑布，有破壞性的水。

◎遇1不如以前，吃快弄破碗；遇2著作發表、遠方求知；遇3名利雙收；遇4風流涕黨；遇5擋在門外、難以溝通、遇6投入事業；遇7暴跳如雷；遇8事實澄清；遇9河川暴漲；遇10狐群狗黨。

撲克牌數字為❿者：

癸水代表福蔭、雨露之水，面積較小的水，如小河、溪流、井水、雨水。

讓1穩定成長；讓2成長快速；讓3陰晴不定；讓4棄械投降；讓5直流口水；讓6心無遠志；讓7功成身退；讓8毒性加強；讓9久別相逢；讓10水漲船高。

◎遇1造物有功，遇2乙教育有成；遇3丙反覆不定；遇4謠言製造者；遇5難以溝通；遇6為情所困；遇7圓滿成功；遇8神佛加持；遇9盡興而歡；遇10知己相逢。

　　10個數字與10個數字的對應關係，於本人另一本著作「八字時空洩天機-雷集」雅書堂出版第206頁～242頁有另一層次不同的解析，可參考閱讀，對您的占卜論斷有再次提升的作用。

本書幕後靈魂人物

　　以下數字對應的詞句是(天干見天干)由小孔明老師(蔡志祥老師)及宏宥老師的心得整理提供。

　　小孔明老師於命理五術的觀象有獨特的見解，對於八字的造詣更是獨一無二，無人可比，能直斷事情的真實屬性及數目字的多寡，以及前世因果，這是八字命理界最高的學術，無法突破的瓶頸，但於小孔明老師卻是斷驗如神，如同孔明再世。

　　宏宥老師將面相結合八字，獨樹一格，創造出很多的不可能，能再三秒鐘內完成觀象解盤，直斷妻、財、子、祿之吉凶事項，其快狠準的直切方式，更是令人瞠目結舌、驚嘆不已。目前小孔明老師與宏宥老師都在台南市救國團大學路教授八字、數字、面相及命理、五術之相關課程。

　　　於十天干10個數字的註解，是由太乙文化事業許碧月師姊筆錄提供，許碧月師姊虔心研究佛學、生死學、命理學有獨特的見解。160頁後的四十個案例由生活美學附設長青大學副班長何家誼上課筆錄提供。在此感謝四位師兄、師姊的提供。

數字 1　甲木 (舞台中的靈魂人物)

　　甲木排序為 1，為陽為大，本體主靜，它深耕於大地泥土中，不懼風吹雨打，挺拔的氣勢，是必須經過歲月的累積，才能扎實的毅力不搖的站穩大地，這種大自然的考驗，鋪陳了甲木可經歷春、夏、秋、冬的考驗，完善的發揮了自己存在的價值。

　　甲木之人的特質：老練、沉穩、顧家、體力、耐力都比一般人強，又具備了領導統禦的心性，為老闆的格局。甲木之人知道在哪個點、線、面，要如何發揮自身的功能，甲木像極了家裏的老大喜歡一肩挑起照顧弟妹的責任、犧牲、奉獻，勇於解決困難，上了舞台，就是舞台中的靈魂人物，操控全場，知道和台下的人事物結合成一體，使每一次的相處可達到圓滿而無憾，甲木在家是家裏的支柱，在團體是菁英，在國家社會是棟樑之材，他不善偽裝、包裝，有極高的自信，不卑不亢，舉手投足間流露迷人的風采，在人群裏就是鶴立雞羣，讓人見識到領袖的魅力，兼具世界觀，了解經濟的詭異多變。甲木就是風靡全球的指標人物，因為甲木的過程，是經歷練而來的。

數字 1 對 1 的詞句

甲見甲：領袖魅力、雙子星樓、平交線道、
　　　　　重新投胎、元始天尊、薪火相傳 、
　　　　　相知相惜、高手交鋒

數字 1 對數字 1 詳解：

　　1 對 1，甲為數字 1，1 為元始、元有、開始之意，具有老闆開創之格局，1 對 1 兩者之互動喜歡談論事業的經營、開創，不會聊是非、八卦；為創業的開始、創業可得財。

　　1 對 1 比肩旺(十神的對應關係，請查閱 179 頁，及十神之涵義)，如英雄惜英雄，兩者實力相當，互助、互信的能力皆不錯，也如同高手交鋒，若能團結則無人可擋，有如一整片森林般的團聚，如財團般的相挺，力量加倍，事業有成。

　　1 對 1 的組合，同屬性，誰也不佔誰便宜，能並肩作戰，開創未來，也是一種事業的交替，薪火相傳、相知相惜。

　　1 對 1，沒有進展，也為公平、公開競爭、不容易妥協，競爭到底，高手對招。

數字 1 對 2 的詞句

甲見乙： 綠葉發枝、中元搶孤、騎馬打戰、

諸葛出山、太公釣魚、人心惶惶、

惜才愛才、硬體提供

數字 1 對數字 2 詳解：

1 對 2，甲木遇乙木，1 為 2 之貴人，我 1 甲木惜才愛才，為對方付出，給予對方機會、教育、金錢，而讓對方 2 乙木得到成長，扶搖直上、步步高升、逢得貴人，以對待的角度來說，我提供機會給予 2，2 卻造成我的壓力，如同小人纏身、牽絆，讓我行動受限，增加了負擔，但也因如此，增加我的能力、抗壓性，造成我成長茂盛，人際關係提升，金錢、事業順利。

以 1 對 2 來說，2 是劫財（十神的對應關係，請查閱 179 頁，及十神之涵義），劫了 1 的財，但 1 對應 2，是代表 1 甲木一直成長茁壯，雖然被 2 劫走養份、水份與陽光，但也代表 1 的能力是相當好的，才有足夠的能量施予 2 的乙木。

1 施予 2，1 得到自信、成就、抗壓性、金錢及無限的機會；2 受到 1 的施予，得到機會、福蔭。

數字 1 對 3 的詞句

甲見丙： 壓力重重、手長腳長、夸父追日、
外強中乾、過動兒童、自知之明、
手忙腳亂、頸椎受傷

數字 1 對數字 3 詳解：

1 對 3，3 對 1 的期許很大，讓 1 有成長及業績的壓力，使我疲憊不堪。3 因為要透過 1 展現其能量、溫度，而讓我 1 疲於奔命。

1 對 3 的付出，反而是 1 無法得到同等值得回饋，而使 1 甲木手忙腳亂、外強中乾，壓力重重，此時也只能期待 3 太陽下山、熱情不再的時候，才能讓 1 茁壯而長，重振雄風，所以 3 對 1 的付出是無法直接有所收穫，反而要透過別人第三者的轉介，才能讓 1 獲利。

以 1 對 3 來說，1 得到舞台可表現才華，但這種才華食神(十神的對應關係，請查閱 179 頁，及十神之涵義)之發揮，雖然是完美的演出，但對 1 本身而言，是任務、也是責任的展現。

例:換工作好嗎?　　　1 對應 3

答: 1 對 3: 1 的能力不錯,是一個主管的格局,但
　　換了工作後,就有做不完的事情,反而是一種
　　責任與壓力的負擔。建議不要變動才是明智的
　　選擇。

例:對方愛我嗎?　　　1 對應 4

答:1 對 4: 1 木直性,不會表達心中的愛;又希望
　　4 的出現,能帶來內心的喜悅與滿足感,希望得
到 1 的呵護,自己也無怨無悔的付出與關懷,所以
是兩情相願,彼此都相當愛對方,只是不敢表白。

數字 1 對 4 的詞句

甲見丁： 展現魄力、晝伏夜出、電線燈桿、
火柴棒盒、挖礦工人、導行燈塔

數字 1 對數字 4 詳解：

1 對 4，1 為甲木，為高大的樹木、也為指標性人物，4 丁為遠紅外線，4 丁火給予 1 我好的磁場，使我 1 得到自信茁壯成長。我 1 對對方 4 付出，對方 4 給我 1 好的回饋與回報，互有助益。

以 1 來說，1 因 4(十神的對應關係，請查閱 179 頁，及十神涵義)得到舞台，發揮長才，展現魄力。以 4 來說，4 因為 1 得到關愛、福蔭、權利、得到學習成就。所以 1 遇 4，是一組最佳的組合，兩者共同創造未來。

1 遇 4，1 為自我甲木，4 為能量、磁場、香火，代表只要我慎終追遠，懂得敬仰祖先、心存善念、尊敬鬼神，將會得到另一股無形力量的加持。

數字 1 對 5 的詞句

甲見戊： 大業可成、東獄大帝、一拍即合、

福德正神、荒野孤墓、落地生根、

覓得良田、枝葉茂盛、根基穩定

數字 1 對數字 5 詳解：

1 對 5，1 為甲木，為高大的樹木、也為指標性人物，戊為高山之土，甲木對戊土，甲木有好的地方可發揮，5 戊為 1 甲木之財星（十神的對應關係，請查閱 179 頁，及十神涵義），1 甲木大樹可疏土，賺錢容易亦為大財，戊土可使 1 甲木根基穩固、枝葉茂盛，代表 1 得財越多會越積極於事業的開創，不會貪圖享受，而成就大業。

1 遇 5 是一組相當好的組合，1 因 5 得到金錢、財利，5 因 1 得到事業（十神的對應關係，請查閱 179 頁，及十神涵義），而得官貴。1 與 5，為 1 與夥伴互謀其利，得財、得官、得到感情，共創造未來。

以 5 來說，其 5 提供了金錢、物質、愛的家，讓 1 無後顧之憂，穩定成長、紮根，使 1 成為棟樑之才，成為同業領域的指標性人物。

數字 1 對 6 的詞句

甲見己： 居就他鄉、自暴自棄、離鄉背景、

吃軟柿子、先樂後苦、為求生存、

少有作為、坐井觀天

數字 1 對數字 6 詳解：

1 對 6，1 為甲木，為高大的樹木、也為指標性人物，6 己土為良田、土地、鬆軟的土地，1 甲 6 己合，合財星，但借地而居，原有 1 甲木老大的情性，易因金錢改變自己，此組合也代表黏密，我願意為對方改變自己，我執著於人、事、地、物，我付出、我受牽絆、我尊重對方的地方，小事吉，大事不宜的組合。

6 為 1 的財星（十神的對應關係，請查閱 179頁，及十神涵義）、感情，我為了求財、感情而改變自己老大的情性，懂得付出，而得到成就。

1 甲 6 己合的男命很怕有婚外情，男命為賺錢投入事業，事業是正財，得到了財星，自己本身的情性卻不見了，所以 1、6 的組合是很嚴重致命的吸引力，為了女人失去自己不得不防。

數字 1 對 7 的詞句

甲見庚： 飛來橫禍、天降大任、楓葉秋景、
東風電視、外來宗教、無情逆考、
波難重重、劫後餘生、生機無限、
長大成仁、無法招架

數字 1 對數字 7 詳解：

1 對 7，1 為甲木，7 為庚金、為風、為大的金屬、刀劍。1 甲木遇到 7 庚金，要受到庚（申）颱風天的考驗，代表人、事、物皆讓我煩心，壓力重重。此考驗易受到傷害，也易有無妄之災，1 也代表人，遇 7 變成仁，也是代表即將更新、重整，去除不必要的東西，重新開創。

7 以 1 為財星（十神的對應關係，請查閱 179 頁），1 因為 7 而失財。

1 對應 7 來說，7 是 1 的七殺（十神對待請查閱 179 頁），也為事業，這種事業所帶來的責任壓力是相當大的，讓 1 甲木無法招架，所以只要行事之前先作好規劃、思考，一切以文書、契約為依據，就能將壓力、損失降到最低。

數字 1 對 8 的詞句

甲見辛： 美碩豐收、童話故事、聖誕樹景、
火樹銀花、病痛纏身、因緣果生、
努力哉種、春耕秋收

數字 1 對數字 8 詳解：

1對8，1為樹木、果樹，8為辛金、為雲霧、為甜美的果實，所以1甲木的果實是8辛，1遇8成果豐收、得財、得利、得事業、得官貴，是一組完美的組合，只要努力，種瓜得瓜、種豆得豆，美碩豐收。

1遇8的組合（十神的對應關係，請查閱179頁）是1遇到正官、事業，官為事業、貴氣，也是責任與壓力，只要有付出即會得到收成，只要壓力就能得到成長，這是上天給您最好的回饋。

1對8，以女命來說，8是1的老公、男朋友，代表因老公或男友得到財富、貴氣，8因1得到財星，讓8自己成為豐收的果實，所以1對8的組合是蔭夫的格局。

1與8的組合，如談論到疾病，反而是不好的，代表病痛纏身，因而增生、糾纏之意。

數字 1 對 9 的詞句

甲見壬： 久病纏身、木馬屠城、鎮海神針、
東海龍王、核心人物、倍感交集、
實發其來、摸不著序

數字 1 對數字 9 詳解：

1 對應 9，1 為甲木、為高大的樹木、指標性人物，9 為壬水，壬代表大海水，一次來太多的水而讓甲木有壓力，水多木漂、根部腐敗；9 壬亦為 1 甲之印（十神的對應關係，請查閱 179 頁），太大的壓力，使 1 甲木學習到錯誤的學術、思想、觀念，也使 1 的智慧、想法無法得到疏通，而鑽牛角尖。

9 以 1 為食神、為舞台能力的表現，9 因為執意於舞台的發揮，而讓 1 甲木措手不及，1 因 9 的關係，而陷入親情的糾纏之中。

1 對應 9，水困木，1 為數字之首，為老大、老闆，1 受 9 水之困，代表風光不再，委屈受限，難以突破，所以凡事只要先經過深思熟慮，就能將水困木的傷害降到最低，少輸為贏，可祈求祖先之福蔭，敬天地鬼神，必能東山再起、重振雄風。

數字 1 對 10 的詞句

甲見癸： 得天福蔭、靈機一動、人鬼相戀、
天官賜福、桃李天下、緣生緣滅、
四時運轉、功成身退

數字 1 對數字 10 詳解：

1 對應 0（10），10 癸水讓 1 甲木富貴天成，1 甲木遇 10 癸水，較有福氣。10 癸水之人，付予 1 水滋潤後，即將功成身退，其 10 的水被 1 及土地吸收，不見了，1 得到 10 的能量，而綠葉發枝。

由 1 到 10 走完天地一週，甲木遇癸水 10，想退休，告老還鄉，走完人生旅途一圈。代表 1 得到 10 數之助，得到良好的時機、貴人之扶助，而有所成就，10 對 1 的付出，讓 1 成長，桃李滿天下。

1 以 10 為印星，印星代表學習、專業、知識、福蔭、房產及助力，所以此助力來自於天的助力，也代表得到好的時機、機會，而成就事物，10 癸水因有 1 甲木，而能發揮其能力，製造身價、突顯其價值，將才華一一表現無遺。10 數是來自天給予的雨露，如能禮敬諸佛、尊敬鬼神，敬拜祖先，將得到更多無形的助力。

數字2　乙木(懂得借力使力的身段)

　　乙木排序為2，為陰、為小，本體主動，是週期較短暫的草本滕蔓植物，必須仰賴著甲木才能扶搖直上，它也能迎風招展，賣弄風騷，生氣逢勃的可以快速繁殖一整片，即使有強勁的石頭壓住下，也會想方法從旁四週圍繞道而生長著。

　　乙木之人的特質:懂得借力使力的往上攀岩，又會暗中察言觀察，遇到困難又會求助身旁的人，自我調適得宜，因為乙木過不了冬天，遇寒氣重時，很容易受傷，所以必須緊攀著甲木的樹幹往上爬。

　　乙木之人懂得團結力量大，人脈必須靠經營，眼光獨到，嗅得出流行性的商機，瞬間看到流行的趨勢，看準了市場，搶它短期性的資金，然後調整策略，再將資金挪至其它的目標，重新再出發。

　　出生日乙木之人不怕比肩劫財旺，喜愛結交朋友、愛運動，在運動思考如何聯結人、事、物，充分的可讓自己運用，所以1甲木是2乙木的貴人，2乙木是甲木的小人，小人與貴人只在一瞬間。

　　2乙木之人若急著想要女人、賭博、享受、休息，就表示2乙木要走到終點了。

數字 2 對 1 的詞句

乙見甲： 逢得貴人、寺廟龍柱、孕婦懷胎、
居安思危、上吊自殺、步步高升、
死纏不放、方向目標

數字 2 對數字 1 詳解：

2對1，2為小花草、藤蔓，成長快速，適應環境的能力強，能見風轉舵；1為甲木，高大的樹木，老練、顧家，氣勢挺拔，有領導統御的心性。

2遇1(十神的對應關係，請查閱179頁)，逢得貴人之助，能步步高升，兩者為劫財之關係，能遇到實力不錯的人提拔，而得到成就，心想事成。

以1來說，1施予2，1突顯其能力、自信，產生被利用之價值，而得到人脈、資訊，能作有效率的抉擇、創造價值，2因為有1的施予，得到機會、福蔭，扶搖直上、步步高升。

2對1為劫財(十神對待請查閱179頁)，此劫財是我2劫對方1的財，而不是對方1劫我2的財，我劫到地位、職位，也脫離了危險之地，與對方互動黏密。

數字 2 對 2 的詞句

乙見乙： 事情繁瑣、百萬雄兵、秀才遇兵、
龍舟競賽、二進二出、風雲際會、
眾議紛紜、見風轉舵

數字 2 對數字 2 詳解：

2 對 2，2 是小花草、藤蔓，成長速度快，能見風轉舵，是一顆智多星，此智慧來至後天的天機星，臨機應變，對商機有敏銳的嗅覺，適應環境能力比 1 強，能靠智慧、機會而成功。

所以 2 數字對應 2 的數字，比肩遇比肩(十神的對應關係，請查閱 179 頁)、相親相愛，兩者以智競爭，是暗鬥，競爭實力相當，難分勝負，但如團結合作、同心協力，必能突破困難，而且能得到良好的友誼，此組合最怕寒冬晚上遇之，成功率大打折扣。

2 對 2 雖然無所進展，但 2 也為智多星，能靠智慧取勝，能利用先天的智慧發明、研究而得到成就，也能利用週遭的人脈，開拓陌生市場、佔有市場，聯結到人、事、地、物。

數字 2 對 3 的詞句

乙見丙： 開花結果、如魚得水、南宋滅亡、
　　　　　複製人類、三心兩意、天時地利、
　　　　　助其速成、快速成長

數字 2 對數字 3 詳解：

　　2 對 3，2 是小花草、藤蔓，成長速度快、應變能力強，2 乙木有向陽、向溼之特性；3 為太陽丙火，亮麗無私，普照大地，丙火可使乙木快速成長蔓延，得到天時地利，助其速成之功，代表周遭的人對我 2 乙木有很大的助益，可讓我開花結果。

　　2 為乙木，3 為丙火，做事積極、正面，但凡事速者有過，宜珍惜得到的成果，要不然 3 數字的太陽匆匆下山之後，將失去現有的一切。

　　3 太陽是施予能源給予 2 乙木，3 施 2 受，3 的大愛賦予大地，讓大地佈滿生機，2 因 3 得到福蔭，看到成果。3 因為 2 得到成就感與滿足感。

例：我最近的工作運勢如何？

答：我為 2，因得到 3 太陽施予的能量，能讓我 2
　　快速成長茁壯，代表得到了機會，運勢扶搖直
　　上，工作運勢佳。

數字 2 對 4 的詞句

乙見丁： 事倍功半、螞蟻雄兵、吃飯釣蝦、
烤竹筒飯、燭光晚餐、開創家業、
奮發向上、借力使力

數字 2 對數字 4 詳解：

2 對 4，2 為小花草、藤蔓，懂得借力使力，往上攀岩；4 為溫度、能量、燈光，所以 2 乙木遇 4 丁火，無法開花結果，但會不斷成長，代表很努力、很積極，我為對方一直在付出，但對方不是這麼熱情；所有的付出與努力，是不能得到正比的，是無法得到相同的回饋，但我不灰心一樣努力積極向上，希望不落人後而得到成就。

2 與 4，2 對應 4 為食神之氣(十神的對應關係，請查閱 179 頁)，代表舞台展現、才華洋溢，但此表現不是如此的順利，很難將才華表現無遺，成果大打扣，以 2 對應 3 為事半功倍，而 2 對應 4 為事倍功半，這是太陽 3 的普照與月亮 4(燈光)最大的不同，當然其結果自然天地之別。

數字 2 對 5 的詞句

乙見戊： 竭盡心力、落草為寇、達摩祖師、
二郎神君、離鄉背景、不盡人意、
求財辛苦、錢財流失、難以掌握

數字 2 對數字 5 詳解：

2 對 5，2 為小花草、藤蔓，5 為戊土，高山之土，2 乙木剋戊土，剋不動較辛苦，亦代表事倍功半，2 對應 5 為正財星（十神的對應關係，請查閱 179 頁），此財力量大、數量多，但 2 的能力有限，較為辛苦，也代表我無法掌控金錢。

2 遇 5，2 的人行動積極，但 5 數的人被動，感受不到 2 數的心意，讓 2 數之人急著跳腳，只能期待下雨天的到來，才能輕鬆自在求得，也就是說：要由長輩、上司施予一臂之力，才能得到感情、物質、財利，才不致於有事倍功半之壓力。

5 數為硬的土，5 以 2 為官（十神的對應關係，請查閱 179 頁），因 5 的堅持被動、難以溝通，很難讓上司了解；2 以 5 為財、為部屬，因部屬的不協調、不配合，讓 2 倍感壓力辛苦。

數字 2 對 6 的詞句

乙見己： 四季運轉、天作之合、異卵雙胞、
　　　　　詩聖杜甫、固步自封、春生冬藏、
　　　　　豐收享成、小額經營、連續收成

數字 2 對數字 6 詳解：

　　2 對 6 數，2 為小花小草、藤蔓，主動積極向上；6 為己土、平原、土地、良田，雖為被動，但好溝通，所以 2 乙木剋 6 己土，為得到好的良田磁場，代表事半功倍，若遇 3 陽光普照，更能名利雙收，而且周而復始，得到好的收穫。

　　2 對應到 6 是一組相當不錯的組合，2 對 3 是得到貴人，名揚一時，而 2 對 6 是得到好的宅地、磁場，得到財利，共依共存，有如天作之合，但必竟是 2 數的花草之數，無法像 1 數的樹木可以長久處於不敗之地，宜將金錢、現金、財富轉為土地、房產，才能永固、保值。

　　以 2 對應 6 來說，6 為 2 財星（十神的對應關係請查閱 179 頁）、金錢，也為感情。

　　2 得到 6 的財及土地、感情，快速成長，讓自己更有自信、成就自我、喜悅、快樂。

數字 2 對 7 的詞句

乙見庚： 無中生有、風行草匽、功德圓滿、

草木皆兵、一葉知秋、受天之意、

以柔合剛、蜜蜂採蜜、嫁雞隨雞、

賣弄風騷、迎風招展

數字 2 對數字 7 詳解：

2 對 7，2 為小花草、小樹、藤蔓，7 為庚金、為風，乙木見風隨 7 風搖擺，2 乙 7 庚合成金，有傳播之氣（庚）進入我的事業，讓我開花結果，賺的是時機的財，當季的財，而不是固定的，代表只要我願意接受，事業是主動來的，雖然來的輕鬆自在，但面對這不速之客，多少還是給我無限的壓力與成就感。

2 對 7 是我 2 願意為對方 7 改變，而 7 對 2 是對方 2 願意為我 7 改變，兩組合的主客體是不一樣的。2 對 7 是事業來合我(十神的對應關係，請查閱 179 頁)，7 對 2 是財星來合我，一財一官各取所需。

2 以 7 為官、為事業、為責任、為女命的老公、男友，7 來合 2，2 反而投入，2 投入了事業工作，以事業為家，投入感情，追求所愛、嫁雞隨雞。

數字 2 對 8 的詞句

乙見辛： 開花結果、露水姻緣、結草銜環、
詩仙李白、二八佳人、欣欣向榮、
日漸成長、果實豐收、功成身退、
落葉知秋、流行趨勢、小人纏身、
短期獲利

數字 2 對數字 8 詳解：

2 對應 8，2 為小花草、藤蔓，週期較短暫的草本植物，8 為辛金、雲霧、為果實。2 乙見 8 辛，果實獲得，8 辛為 2 乙木的果實，在事業上的努力，換來良好的成果。但只要 2 乙木獲得果實，成就之後，急著要享受，投機、賭博及沾染婚外情的話，2 乙木就走到盡頭了，而前功盡棄、病痛纏身。

2 以 8 為官星（十神的對應關係，請查閱 179 頁）、事業，也為得到豐收的果實，代表看到好的結果，但乙木畢竟也只是藤蔓之植物，季節性的植物，無法耐寒過冬，所以這種結果成就是不宜炫耀的，只要您急著展現自己的戰利品，那所引來的將是身體上不斷的亮起紅燈，唯有不鬆懈，才是最終的勝利者。

例:我與女朋友能結成正果?

答: 我為2,女友為8,2遇到8為果實,也為2
的壓力,與女友互動,讓我產生甜蜜的負擔,
8以2為財,女朋友因我而得到物質上的享受,得
到財利,這種組合是可結成正果的,只是2為了8
付出、犧牲很多,但也是展現2魅力的時候,只要
作好結婚後的規劃,那2一切的付出,都是值得。

數字 2 對 9 的詞句

乙見壬： 居無定所、草船借箭、甲狀腺症、
達摩渡江、壽司料理、付諸流水、
母慈滅子、四海為家

數字 2 對數字 9 詳解：

2 對應 9，2 為小花草、藤蔓之植物、水耕植物、無根之草;9 為壬水、為大水、流動之水，循環之水流，以 2 來說，9 為其印星(十神的對應關係，請查閱 179 頁)、長輩、學習福蔭，雖然得到長輩的加持，但好像作用不大，反而身受其限，因為水流太大，不是那麼自在，因為 2 會隨著 9 四處旅遊、居無定所，居住之地也不是那麼安逸，但反而可四處為家，所以只要作個適當的調整，避免辦公桌對門、床對門、冰箱對到廁所，改變之後，會看到良好的進展，較安逸自在。

例：這間房子適合我嗎？

2 為水耕植物，遇到 9 流動的水，也為循環的活水，2 以 9 為印、為家，此組合再好不過了，只是此卦向也可以表示詢問者，可作流動性的事業，能入境隨俗，隨著工作的需要而變動搬遷。

數字 2 對 10 的詞句

乙見癸： 環境優渥、井底之蛙、水源之地、
青冥寶劍、杯水車薪、順生順長、
天成之功、天降甘霖

數字 2 對數字 10 詳解：

2 對應 0（10），乙木為小花草、藤蔓植物;10 為癸水、雨露。2 乙木見 10 癸水之雨露，心想事成，天有成人之美，會得到長輩、上司之提拔福蔭，而得到成就，也能得到外在的機會，因 10 雨水從天而降，畢竟機會不是永久性的，要抓住這得之不易機會的來臨，要加快努力，成就會更快，得到會更多。

2 以 10 為印星（十神的對應關係，請查閱 179 頁）、福蔭、學習、權利，房子，代表因居住到好的房子，得到福蔭，因學習成長而得到權利。 10 以 2 為食神（十神的對應關係，請查閱 179 頁），2 給 10 舞台表現，而得到好的評語，因而 10 給予 2 生助，讓 2 得到助力、機會，蓬勃而生，開花結果。

2 遇到 10，天降甘霖，得天之福蔭，環境優渥。

數字3　丙火 (洋溢笑容的明日之星)

　　丙火排序為3，為陽、為大，是太陽火無法低調的熱情，大自然的萬事、萬物，經過晚上的沉睡、休息，清晨太陽一昇起，人類心靈的希望，也冉冉而生，由此可知，是火來生木，木生機蓬勃，如果是木生火，是兩敗俱傷，木燒完，火也滅了。

　　3丙火之人是熱情的、感性的、主動、好客，也是躁動的，因為想幫助人，釋放出熱情的能量，所以他的一舉一動會容易引人注意，如政治人物、偶像團體…等，樂天知命，懂的化阻力為助力。凡事正面思考累積能量，讓身旁的人，如沐春風，在同儕談笑風聲，最為頂尖。

　　人生如戲，戲如人生，3丙火之人的演戲本領及才華，讓台下如癡如醉，鼓掌歡呼，3丙火之人，是熱情的，不吝嗇付出的那一個。

　　八字有3丙火之人，適合做公益活動，關懷弱者，喜歡讓太陽火照射每一個角落。有了火人才不致於憂鬱、晦暗，有火、有希望可以看清楚未來，不會渾渾噩噩的過日子，有火的人也較不受外在的牽制，會不按理出牌，火是五行裏，寶貴的能源、

能量。

　　丙火怕遇地支黑暗的水，會讓丙火陷入黑暗，也會有官商勾結之象。3丙遇9的壬水，得以讓3丙火更光輝、更持久、更亮眼，所以3丙火也是洋溢笑容的明日之星。

數字 3 對 1 的詞句

丙見甲： 突顯成就、膽大包天、膽戰心驚、
鐵扇公主、手忙腳亂、知其使命、
盡責守忠、枝葉繁茂、加油添醋、
無私奉獻

數字 3 對數字 1 詳解：

3 對 1，3 太陽丙火能量、付出、奉獻，我 3 是主動積極給予 1 陽光和愛的，1 甲木是經過一個白天一個黑夜，在人們一睡一醒之間長大。

3 丙火太陽的照射，會讓 1 甲木只長樹葉，不長樹幹而疲憊不堪，以對待關係來講，代表我 3 可以掌控對方 1，但對方 1 因我而得到成就，但也壓力重重，1 因為 3 的加油添醋，真的是無法招架。

以 1 的角度來說，3 給予 1 舞台、表現、佈施的機會，讓 3 得到成就感，3 看著 1 的成長，心滿意足，再多付出也值得，以 3 對 1 的角度來說，3 賦予 1 能量、陽光，造就 1 樹葉枝繁植茂盛，但卻不知 1 因此疲憊不堪、壓力重重，但對 3 表現、付出，1 也只能感謝，微笑以待。

數字 3 對 2 的詞句

丙見乙： 突顯價值、肝膽相照、領兵作戰、

不可收拾、離子燙髮、枉費心意、

勞而無功、成就大愛

數字 3 對數字 2 詳解：

3 對 2，3 為太陽、能量、付出、奉獻；2 為乙木小花草、藤蔓、水耕植物。

3 對 2 的太陽普照大地，蘊育花草、樹木，讓大地開滿美麗的花朵，我主體 3 因有 2 蘊育花草、樹木而突顯我 3 被利用的價值，2 因為有 3，而得到成長，成就 2 自我，3 因 2 花草之成長開花結果，而得到滿足、喜悅及成就感，如同母親照顧小孩，賦予愛，看到子女的成就而心滿意足，3 因為有付出而創造價值，所以主體 3 對應客體 2，是可以成就客體的一個組合。3 成就 2，成就大愛，3 勞而無功，2 滿載而歸、豐收享成。

例：對方來我家，對我好嗎？

答：我為 3，對方為 2，我賦予能量，造就 2 乙木的

成長茁壯，我付出、我賦予愛，對方因我而得到成就，我因對方成就而得到滿足。

數字 3 對 3 的詞句

丙見丙： 一山二虎、世界末日、中壇元帥、

勢均力敵、炯炯有神、無需它力、

才能遍及、足足有餘、無法隱滿

數字 3 對數字 3 詳解：

　　3 太陽對到了 3 太陽，一山不容二虎，有多此一舉之象，於人事的對待是志同道合的朋友，實力相當知己知彼；當然於事業的對待是兩強相爭，互不退讓、棋逢敵手，所以如果兩者能化敵為友，攜手於事業領域範圍內，兼容天下第一與唯一，必是最強、最大的贏家。

　　於考試成績的對待，是沒有進展，3 為亮麗也代表原本就有很亮眼的成績，雖然沒有進步，但一樣名列前茅。

　　3 遇 3，事情明朗化、透明化，無法在隱瞞，不如坦白面對，更來的自在。

例：換新工作好嗎？

答： 3 遇到 3，沒有進展，反而帶來人際關係的競爭，不如不要換，因為換了也沒有比較好，反而多了競爭，比肩奪財。

數字 3 對 4 的詞句

丙見丁： 功成身退、萬人之上、朝三幕四、
比基尼裝、搶人光彩、搶盡風頭、
丟失尊榮、累積實力、進入障礙

數字 3 對數字 4 詳解：

3 對 4，3 為太陽、大火、能量；4 為丁火、為月亮、為燭光、為太陽所留下的溫度。太陽對月亮，太陽運行的過程所留下的溫度 4 丁，太陽對應燈火，此都是 3 對 4 的互動。

太陽由寅時（早上 3:00～5:00）生起，溫度持續上升，代表著實力在提升、進步，成就如日中天，此組合捨得付出、給予，因而得到無限的成就，也帶給對方希望、信心、成就、知福、惜福，而成為自己 3 成功的墊腳石。由此可見，懂得付出、施予的人，反而是自己成功的主因。

施與受；施予時，是得到成長，累積了自己的實力，而受惠者能得到快樂、喜悅，但這是短暫的，因為能施予付出的人，代表您有能力、有才能，而且一直在進步當中，受惠者是得到短暫快樂，卻一直在降低能力，而進入障礙。

數字 3 對 5 的詞句

丙見戊： 勞其一生、三山國王、黑白郎君、
車震偷情、胃酸逆流、日復一日、
疲於奔命、丟手榴彈、功成身退

數字 3 對數字 5 詳解：

3 對 5，3 為太陽、能量；5 為高山戊土。太陽對應高山，以 5 來說，5 以 3 丙火為印星（十神的對應關係，請查閱 179 頁）、學習、成長、福蔭，5 因為有了印星，而得到溫度、能量，讓本身 5 更有自信，而能守得住金錢、感情，得到權利。

太陽是十天干 10 個數字當中，最大的驛馬星，太陽 3 為了戊土 5 高山，一直繞著不停的運行，從東邊升起，西邊太陽下山，由東往西，不會固定在同一處，象如奔波勞碌，為了發揚自身的理念，四處現身說法，找尋人生舞台，將才華展現，創造自己燦爛的一片天，而功成身退。

例:這個男人能當我老公嗎？

答: 不能。因為你自己為 3 丙火亮麗，集美貌、智慧於一生；5 戊土，固執己見、柔軟度不夠，不知變通，你會為了他，而疲於奔命、勞其一生，所以不適合。

數字 3 對 6 的詞句

丙見己： 助其生機、傷口開刀、脫皮晒傷、

羊腸小徑、脾氣暴躁、蘊養萬物、

普照大地、無中生有、無所怨言

數字 3 對數字 6 詳解：

3 對 6，3 為太陽丙火，每天釋放出熱情的能量；6 為良田、土地。太陽 3 對應平原、土地 6，太陽普照、萬物生成、生機無限，為對方心甘情願的付出，無所怨言、全力以赴，而讓 6 己土創造出價值，受予者己土 6 能得到呵護、成長，無中生有創造出權貴，我們稱官印相生，乃因 3 的普施大地，而讓 6 生成萬物，得到官印、集權貴於一生。

3 施予 6，3 得到舞台展現，表現最完美的一部分，才華洋溢、名聲遠播，也突顯被利用的價值。

當 3 的施予、蘊養萬物、無所怨言，6 得到能量而成長、進步，能無中生有、脫胎換骨，是 3 最大的榮耀與喜悅，如此 3 再多的付，也只能用一句話來形容！

一切都值得。

數字 3 對 7 的詞句

丙見庚： 相輔相成、穩操勝算、御駕親征、
　　　　　風吹日曬、關聖帝君、相知相惜、
　　　　　護駕有功、借刀殺人、連誅九族

數字 3 對數字 7 詳解：

　　3 對 7，3 為太陽丙火，7 為庚金、氣流、風。3 以 7 為財（十神的對應關係，請查閱 179 頁）、為部屬，3 丙：與晚輩、部屬或志同道合之人共同創業而得到金錢。3 丙火太陽主動、熱情、嘴甜，但只要 3 丙火有多熱情、錢就跟著有多少；3 太陽驅動 7 庚金，易與比我年輕的朋友，兄弟姐妹共同創業，越熱情、錢越多，越積極、擴展更快。

　　此組數字組合，只要願意投入、付出，都可得到好的成就。最怕懶，只要一懶，太陽就下山，盡失光明及財利，乃 3 太陽下山就沒有 7 的氣流及風了。宜珍惜現在所擁有的一切。

例：我與男朋友的感情關係？

答： 妳男朋友喜歡您的熱情，容貌並不是主要的感情因素，妳越熱情，男朋友付出會越多，也越積極，嘴巴越甜，越愛妳，當妳熱情不再的時候，感情可能亮起紅燈了。

數字 3 對 8 的詞句

丙見辛： 為情所困、不合情理、比武招親、

盤古開天、心肺積水、雲霧遮天、

數字 3 對數字 8 詳解：

3 對 8，3 為太陽高掛、8 為辛金雲霧、失去遠志，太陽被雲霧遮住，光明盡失了。但此種組合反而讓第三人受益，因為 3 與 8 為合數，此種組合數太陽與雲霧將轉化為雨露水，水有益木之功，所以第三人木是受益者，也可代表 3 與 8 的合作，可以共同創造出事業，讓 3 得到金錢與事業，而讓 8 辛金得到權利、事業與名聲、舞台。

以夫妻的對待關係來說：老公呵護著 8 老婆，而老婆生完子女後，就以子女為重，而失去兩者間甜蜜的互動了，讓老公頻頻吃醋。

以 3 來說，3 為太陽、名望，8 辛為雲霧、金錢、感情、男命的女人，3 遇 8，3 為了感情，而失去遠志，失去競爭力。

3 為了 8 金錢，而迷失自己，改變了情性；3 也代表有名望的人，因金錢、女人而失去自己的地位名聲及江山，不得不防。

數字 3 對 9 的詞句

丙見壬： 眾人所知、模擬練習、太陽眼鏡、

　　　　熱愛舞蹈、美好回憶、突顯名望、

　　　　因名得財、衛星定位、眾人所知

數字 3 對數字 9 詳解：

　　3 為太陽、名聲、地位；9 為大海水、湖泊。3 太陽對 9 壬水為湖泊、海洋之水，太陽照射到水面，會有反射作用，所以丙與壬（3 與 9 ）的關係，我們稱為丙壬交輝、名氣遠播、因名得財，也有拷貝、影印、照相、衛星定位之象。

　　9 壬水映 3 丙暉、日照江河，知名度很高，眾人所知，3 與 9 的關係又可得到第三種元素，那就是 7 庚、8 辛金之財星，我們以數字的角度來說：庚、辛金就是 7 與 8 數，也就是丙 3 的財星（十神的對應關係，請查閱 179 頁）；由此可知，當 3 與 9 數同出現時，是靠名聲、地位賺取財物，如同民意代表，替選民服務，而得到政府給予的酬勞。

　　3 以 9 為官星、為貴氣、名望、地位、名份，3 遇 9 名利雙收、大業可成，但宜防自己貪圖享受而前功盡棄。

數字 3 對 10 的詞句

丙見癸： 忽晴忽雨、七色彩虹、神明轉世、
禮賢下士、婚禮面紗、水火相對、
天堂地獄、神佛鬼卒、打入地獄

數字 3 對數字 10 詳解：

3 對應 9 是聲名遠播，而 3 對應 10，3 為太陽，10 為雨水，太陽遇到下雨時，其太陽的情性是被遮住的，此象為水火相對、陰晴不定、忽晴忽雨，如同在天堂被打入地獄的象。

丙 3 太陽如同人的眼睛，遇到 10 數的癸水雨露，其象如同流眼淚的象，也代表眼疾。3 與 10，象為忽晴忽雨，與家人互動時易動怒，因為有水火相剋、交戰的象，3 遇 10，10 的雨水讓 3 太陽不見了。

3 對應 10，10 為 3 的正官星（十神的對應關係，請查閱 179 頁），官星代表工作、事業星，也代表女命的老公，男命的女兒，所以女性為了老公，為了事業壓力重重，男命者易遇到情緒不穩定的上司，或事業經營的相當投入，沒有屬於自己的時間，戰戰兢兢的經營。

數字 4　　丁火 (漫步雲端的新貴)

　　丁火排序為 4、為陰, 丁火為溫度、能量與磁場、香火傳承, 與無形看不到的氣功……光芒不烈, 但有溫馨的感覺, 讓人有留戀之感。

　　科技的進步, 讓世界變成一個地球村, 也帶來人類對私生活的重視和隱藏, 相對丁火之人, 對週遭環境的敏銳性、和變化度, 是具有一般人沒有的張力與耐力, 喜歡將自己隱藏在都市裡, 過著上班族的生活方式, 隨身攜帶著最新的電子產品, 可任自己運用自如穿梭在每一個時空的背景裡, 當然也常有小迷糊之事發生, 下班後也喜歡聚集三、五好友, 一起喝酒、閒聊、烹煮食物讓好友品嚐。

　　八字有丁火的人, 很容易碰到祖靈、香火牌位的問題, 每隔幾年, 就宜檢視祖墳或香火牌位, 忌日時要虔誠的祭祀禮拜, 讓先亡在另一個無形的空間, 魂魄得以安寧。

　　五行當中只有木有生命, 所以我們以 1 甲木代表人, 遇 4 丁祖先、香火能帶給 1 甲木能量、磁場, 造就 1 甲木的生成, 於祭拜祖先時, 能加上三牲酉雞, 者可使 1 甲得到甜美的果實。

數字 4 對 1 的詞句

丁見甲： 有所寄託、娶鬼新娘、路燈行人、
　　　　　祖先牌位、轉骨藥方、穩定成長、
　　　　　陰惡陽善

數字 4 對數字 1 詳解：

　　4 對 1，4 為太陽所留下的溫度、能量、磁場、香火；1 為甲木、為指標性人物、樹木、老闆。4 丁火遇 1 甲木有目標而施予受、能量，丁火 4 的能量想庇蔭 1 甲，希望甲木 1 能成長茁壯，想法也較正面，甲木也因得到 4 丁的正面能量，而回報丁火 4，所以 4 對 1 就產生了互助、互生之氣。

　　4 對應 1，4 給甲 1 機會，造就 1 成長，4 產生了被利用的價值，成就了 1；所以這種組合只要您有投入付出，就會得到應有的代價、收獲。

　　1 因為 4 得舞台、機會、能量、表現、才華洋溢、聰明伶俐、溫和厚道；4 以 1 為印星（十神的對應關係，請查閱 179 頁）、權力、福蔭、聲譽、後臺，4 也因為 1 勤懇耐勞而得到良好的宅地福蔭、學術與名譽，而鞏固權力。

數字 4 對 2 的詞句

丁見乙： 事倍功半、宅心仁厚、守株待兔、

心肌梗塞、心甘情願、煙燻烤鴨

數字 4 對數字 2 詳解：

4 為丁，為能量、磁場、香火傳承；乙為 2，為小花草、藤蔓、水耕植物，丁火 4 沒有辦法全力以赴幫忙乙木 2，2 乙亦沒有辦法對 4 丁有所助益。

乙木為水耕植物、為溼木，見 4 丁火無法讓丁火的能量發揮、突顯，也易起煙燻，因為 2 乙木生 4 丁火的人較勞碌，溼木較易燻不易燃，所以較為勞碌、辛苦。

4 丁的溫度雖比丙還高，卻無法讓乙木開花結果，只能想盡辦法、勤能補拙，此象也如同晚上的燈光，再多的巧思，也無法讓花草長的漂亮。

4 以 2 為印星（十神的對應關係，請查閱 179 頁）、房子、學習，此 2 帶給 4 是錯誤的學習環境，造成 4 辛苦的付出，卻無法看到 2 的成才成器，有如 4 白忙一場。

此組數字的組合是事倍功半，凡事不宜急進，先充實自己再出發，才不會浪費時間、金錢。

數字 4 對 3 的詞句

丁見丙： 風采被奪、一人之下、狐假虎威、
太平公主、飛蛾撲火、火藥爆炸、
水落石出、難以隱瞞

數字 4 對數字 3 詳解：

4 對 3，4 為丁為能量、磁場，3 為太陽普施、3 為丙，丁的溫度是太陽照射留下來的溫度，所以丁由丙而來，但丁火沒有丙火的亮麗，卻溫度比丙 3 還要高，代表我丁 4 比 3 的能力強、才華好，但也因丙 3 亮麗、美艷，搶走了丁 4 的光芒，也代表事情難以隱瞞，已經水落石出。

此象以我們臉部的眉毛與鬍鬚來比喻是很恰當的：「眉毛先生，鬍鬚後生，先生不比後生長」。

此組合是不宜改變現況的，只要一改變，對方將奪走了您的舞台，不得不防，也代表對手比您的知名度還要高，當然對方的機會也比您還多，雖然你的實力好、才能好，但能力是隱藏的，而知名度是外在的突顯的，所以 4 與 3 之組，4 風采被奪、難以招架，再好的能力也無法突顯。所以 4 是丟了舞台的那一個人，3 是勝利者。

數字 4 對 4 的詞句

丁見丁： 爭先恐嚇、洞房之夜、冥婚締結、
婦幼藥局、心心相映、兩強相爭、
勝負難定、火山爆發

數字 4 對數字 4 詳解：

　　4 為丁為能量、磁場、香火傳承、為太陽所留下的溫度；4 對應 4，丁火對丁火，如同搶香火，而運途受阻，兩股溫度相當的火把，誰也無法搶奪下誰的氣勢，僵持久了還是沒有進展，只是讓週遭的氧氣變少了，讓大家的氣勢一直在消退中，能量一直被燃燒完，想要往上攀爬，卻因氧氣不足而必須重新調整，若能彼此相知相惜，反而帶來更多的機會與契機。

　　4 丁也代表香火傳承，4 對應 4 為比肩（十神的對應關係，請查閱 179 頁），實力相同的競爭對手，好像在搶香火；所以有長輩、祖先，易阻礙我事業進行，但只要知道慎終追遠，便能化解香火問題所引起的阻礙，就能帶來好運。

　　4 對 4，沒有進展，兩強相爭，勝負難定，宜化敵為友，再創造無限的能源。

數字 4 對 5 的詞句

丁見戊： 執著於事、挖礦工人、蜂擁而上、
心想事成、豺郎虎豹、半壁吊燈

數字 4 對數字 5 詳解：

4對應5，4為丁、能量、溫度、磁場、廟宇；5為戊、為高山、硬土、高大之土地。所以此像如同4丁火在高山上之神廟，在山上談論丁火傳承能量香火之問題，想天說地，談天地鬼神之事。

5戊為高山，4丁為神明、香火之火，山上之神廟、香火，也如同高山上的燈塔。4丁火遇5戊土為食傷表現之象(十神的對應關係，請查閱 179頁)，丁4之能量被5戊土收藏，所以食傷的高談闊論，較不實際。 5以4為正印星(十神的對應關係，請查閱179 頁)、房宅、學術，5因為4得到了磁場，讓本身5更有自信、更有內涵，能得財利；4因5而付出，將自己所學施予5，成就5。

此組合宜增加學術或學習的機會，才能將能量完整轉移，呈獻出更好的價值性，因4丁火的能量、溫度是瞬間的爆發力，是無法持續的，唯有尊敬祖仙、神明，才能再造生機。

數字 4 對 6 的詞句

丁見己： 不計成本、被火紋身、福德正神、

亂墳葬崗、交通號誌、體力透支、

燒烤麵包、鑄造鋼鐵

數字 4 對數字 6 詳解：

4 對應 6，丁為能量、溫度、磁場、也如同蔭豆芽菜;6 為己土、良田、土地。4 丁火對己土，4 丁火的能量只能在穩定、持續當中蘊育 1 甲木，才是最恰當的，而要讓 4 丁火來蘊育土地較辛苦，代表不計成本付出，易體力透支，此象也如同鑄造鋼鐵、提煉開採的象，用丁火的高溫來開採土地上的金礦物質。

6 己土之上有很多的植物及暗藏無限的礦物，4 的付出，雖然造就了 6 得到官貴、名份、地位，但對 6 來說，這麼高的溫度，反而也成了自己 6 的壓力了。丁 4 的人，較沒有安全感，所以懂得保護自己，也會適時的犒賞自己。

4 對 6，火生土食神之氣，才華洋溢，但總對自己的表現不滿意，對方也因您太熱情的付出、關懷，而陷入壓力當中。

數字 4 對 7 的詞句

丁見庚： 求財辛苦、原地打轉、自我毀滅、
氣爆火災、干將莫邪、風聲鶴唳、
噴射火箭、戰鬥飛機

數字 4 對數字 7 詳解：

4 對 7，丁為能量、溫度、磁場;7 為庚金、風、氣流、鐵礦。4 丁火對庚金，丁 4 想要使庚金 7 粗鐵變黃金欲改變庚金 7，讓 7 因得到名份、地位、官貴、責任而重新改變自己。

庚金 7 隨丙 3 而起，到了丁 4 剩下能量、溫度，3 太陽下山了變成丁 4，丁 4 想催動庚 7，可惜丁 4 師出無名火力量不夠，無法讓庚金 7 產生強風，風力不足，原地打轉，想離開又捨不得，欲走還留，此時也只能加強 4 自身的能力，才能讓 7 改變。

4 對 7 的組合是一種財官的組合，以 4 對到 7，7 是 4 的財星（十神的對應關係，請查閱 179 頁），所以 4 本身要求財，只要積極、正面就可驅動 7、擁有 7 的財星，如不夠積極熱誠，4 丁火的能量是不足的，反是被掌控的；7 也因有了 4，而得到了官貴、事業，成就一生。

數字 4 對 8 的詞句

丁見辛： 專業知識、滅火器具、火雲邪神、

蜜桃成熟、霧裡看花、霧中之燈、

數字 4 對數字 8 詳解：

4 對 8，4 為丁火，8 為辛金、雲霧、果實、仙佛。8 辛金為丁火 4 的財星，丁火 4 的溫度會使辛金融化。

以 4 丁火為主體，8 為客體對應關係來說，8 因 4 而事業疲於奔命，損失財物，4 因 8 (十神的對應關係，請查閱 179 頁)得到財星而得到金錢物質，但也因是火與雲霧之關係，所以得到的金錢、物質，都屬於短暫性的擁有，宜參加專業課程的學習行列，增加專業知識，即可穩定 4 丁的能量及 8 辛的財物，保存、留下、傳承。

4 丁火長生在酉(晚上 5:00～7:00)，此時月亮出來了，而 3 太陽也隨之下山，太陽 3 下山就是 4 丁火能力展現的時候。如以 3 太陽遇 8 雲霧，就無法顯見其能，而被矇蔽，因財惹禍，反而 4 丁火遇雲霧 8 時，丁火 4 才能展現功能，突顯其能力，也代表丁得到甜美果實。

數字 4 對 9 的詞句

丁見壬： 權貴自來、香汗淋漓、交歡受孕、

天上聖母、心血來潮、官印相生

數字 4 對數字 9 詳解：

4 對 9，4 為丁、為恆溫、為香火、能量、溫度；9 為壬水、為河流、湖泊、海洋。4 為 9 之財星（十神的對應關係，請查閱 179 頁），9 為 4 之官星，4、9 之組合可創造權力、官貴，4、9 合能再創造、蘊育出木，木是 4 的印，保護了 4 丁火能量的永續，也造成就了 4 有了安全感，成就權利，4 因 9 得到官星，產生貴氣，官印相生，集權利福蔭於一生。

4 對 9，事業主動來，以女命來說，男朋友主動來追求，我為 4 丁火，對方為 9 壬水，4 丁為悶燒型，想要卻不敢行動，9 為主動熱情，覺得可以，馬上展開行動追求，屬於主侵伐，兩者一拍即合，創造無限的能量。

例：我到這間公司上班好嗎？

答： 好的。你本身為 4，重視效率，9 為其上司、

公司，9 來合你的 4，官星事業來合，9、4 合再創造出木，木為 4 的印，到這間公司上班，受到重視，而成為主管，成就官印相生。

數字 4 對 10 的詞句

丁見癸： 化為烏有、口沫橫飛、口誅筆伐、

心存僥倖、四面楚歌、香火斷層、

玉石俱焚、前功盡棄、事與願違、

數字 4 對數字 10 詳解：

4 對 10，4 為丁、為磁場、能量、香火；，10 為 0 為癸水、為雨露之水，由天而降的水。10 與 4 水滅火，癸滅丁，癸丁交戰，丁火受傷，丁與癸（4 與 0）來自於上天給予得機會、能量、時機，丁 4 為太陽遺留之溫度、癸水 10 從天而降，所以此組合想要有速成之功及投機的心態，但往往事與願違，反而到最後是一場空，而且自身的 4 火是受傷、被毀滅的，10 是最魁禍首，此 10 的水是工作、事業、不當的事業投資，引來前功盡棄。

此組合 4、0 的組合，是 100 組合當中最容易造成衝突、毀滅、玉石俱焚的組合，不得不防範。

4 對 10 的組合，只要不改變現況，保持現況，不要求追速成、不要投機，就能將損失降到最低了，面對外在環境的壓力、衝擊時，宜以靜制動，化解危機，免得到時四面楚歌。。

數字 5　戊土 (不易攻破心防的修行者)

　　戊土排序為 5、為陽,是高山上的硬土、燥土,不容易鬆軟(象徵著戊土之人,不容易攻破心防),適合巨大的神木、參天大樹生長,一長好幾百年,不動搖,也代表戊土的人變化少,安逸但固執。

　　戊的硬土,它的根基較穩固,但它也會遭受天災人禍的摧殘,土會流失、土會流動,土也遭受大自然的破壞,所以戊土之人,不喜歡較大的變動。

　　戊土之人,喜愛孤獨、思想沈寂、被動式的和人互動,在職場上精明與幹練,與同事間也合作無間,喜愛日出而作,日落而息的生活方式,下班後,工作與生活是分開的,喜歡與大自然為伍,用心體會四季的變化與更迭,享受自己寧靜的生活,不被打擾。

　　戊土之人,不善變通人際關係,如果有機會懂得凝聚向心力的共識,創造出生命的榮景,更可發揮出潛在驚人的力量。

數字 5 對 1 的詞句

戊見甲： 事業穩固、避雷塔針、氣象預測、

杏林醫院、保生大帝、高山燈塔

數字 5 對數字 1 詳解：

5 對 1，5 為戊、為高山之土、硬的土，1 為甲木、為高大的樹木、為指標性人物、老闆。5 以 1 為官星(十神的對應關係，請查閱 179 頁)，5 因 1 得到事業成就，1 以 5 為財星，1 因 5 戊得到財利、資源、房產；甲木與戊土互謀其利，甲木可疏土，才可成就戊之事業，1 甲為 5 戊之官，5 戊為 1 甲之財，財官兩得。

5 墨守成規，堅持己見、固執，變通性差，1 的人孤木無依，為地標、指標性人物、老闆，很有自信，但根基不穩，所以 5 對 1 的組合，可讓彼此找到真愛，找到志同道合，理念相同的朋友，共同創造事業、財利、成為阿里山的神木，也成為業界的指標性產業，是一組相當不錯的組合。求財、求官、求事業、求感情最佳的搭擋。

數字 5 對 2 的詞句

戊見乙： 充份授權、五餅二魚、愚公移山、
貴族學校、高山茶葉、眾望所歸

數字 5 對數字 2 詳解：

5 對 2 的組合，戊為 5 為高山之土、為硬土、個性固執、墨守成規、堅持己見，2 為乙木為小花草、藤蔓、水耕植物。

5 以 2 為正官（十神的對應關係，請查閱 179 頁）、事業、工作、責任，所以因為 5 的固執很難找到適合自身的工作，總是覺得老闆不了解我，而且有委屈求全之感；以女性朋友來說，5 以 2 為男朋友、老公、感情，所以總覺得對方不是我想要的、不是我理想的伴侶，或是覺得對方不了解我，因而讓身邊的人難以招架。

5 對 2，2 是 5 的官星，5 是 2 的財星，若要求好的事業、感情，不如給對方機會，放低自己的門檻，以謙卑的態度去接受週遭的人、事、地、物，用好言、好語（10 癸水），才能改變 5 的固執，接受、改變堅持，將會有求必應，也能讓 2 成為大樹木，造就彼此的利益。

數字 5 對 3 的詞句

戊見丙：離鄉背井、異地學習、富可敵國、
　　　　　日久生情、神職人員、屋頂花園、
　　　　　光頭和尚、熄燈就寢、飛機降落

數字 5 對數字 3 詳解：

　　5 對 3，5 為戊土、高山之土、硬土；3 為丙火太陽、大火、普施。　以 5 來說，3 為 5 的印星，印星代表房子、不動產，也代表保護我的事物，3 太陽因有了戊土 5 高山，而勞祿奔波，動的不停，3 也因 5 而四處宏揚理念、學術、將本身所學貢獻於 5；5 主體因為有了 3，而能到外地購置房產，5、3 因為朝夕相處而日久生情。

　　5 與 3 的組合是 5 改變了 3，改變了更有自信、內涵、實力，3 為 5 的付出無怨無悔，5 也因為有了 3 才能得到權利，但只感嘆太陽終究還是下山，一切還是從頭開始。

例:我能考得上嗎？

答：能。

　　因為 3 為 5 的印星，印代表學習、讀書，印星在外地，到外地上課、讀書，所以考得上。

數字 5 對 4 的詞句

戊見丁： 不勞而獲、狗頭羊肉、山神地靈、
登山露營、山崩地裂、半壁吊燈、
高山燈塔、眷戀故鄉、廣告行銷

數字 5 對數字 4 詳解：

5 對 4，5 為戊土高山之土，不容易鬆軟的土、硬土、燥土，安逸變化少，但固執、堅持；4 為丁火為太陽所留下的溫度，4 為 5 的印星，學習環境、房子、故鄉、保護 5 的人、事、地、物，也為 5 的祖先、香火，所以 5 遇到 4 較眷念故鄉，在家中供奉祖先牌位，重視香火之傳承；丁 4 的人希望有速成之功，遇到 5，會想發揮長才，大展身手，也願意為 5 付出、犧牲。此組的組合是主體 5 可以將 4 征服、收藏，可得到 4 的支助而名望一村，也因 4 的給予，而讓 5 更有自信，擁有財物。

5 對 4 的組河，象為山壁中的一盞燈火，有如半壁點燈火，於易經卦象「山火賁之象」，所以此組數字要加速成功之腳步，可做廣告行銷、燈箱投射、刊登報紙廣告，或將公司、店面、住家重新裝潢、粉刷，會有很好的獲利空間。

數字 5 對 5 的詞句

戊見戊： 源源不絕、豐胸翹臀、踢到鐵板、

　　　　三代同堂、各據山頭、雲霧密佈、

　　　　安如泰山、不動冥王、無中生有

數字 5 對數字 5 詳解：

　5 為高山，適合巨大的樹木、參天之大樹成長；5 高山有一體兩面，太陽只照射到一面。5 遇到 5，5 為高山之土，山與山之間易聚集雲霧，兩座山之中，也必夾帶一條溪流，我們稱兩山夾一水，戊 5 以水為金錢、財星，5 以 5 為兄弟（十神的對應關係，請查閱 179 頁）、朋友、客戶、知己，所以此組合是藉由兄弟、朋友或客戶得到金錢、物質、財利的，而非兄弟、朋友奪財。

　　5 對 5，只要與兄弟、朋友、客戶、知己，這些人有良好的互動，金錢、財利是主動進來的，求財容易，因為山中聚集的雲霧，在白天來臨時會化為水，但不代表財守的住，乃水是快速由高往下流，金錢、財星是快速往外流；唯有增加土的溫度、能量，才能燥土吸水，讓水財留得住，所以 5 的人要加強專業知識，常常進修、學習，熱情、主動，

就能保存住現有的財富了。

　　5遇5，能成為很好的人才培訓中心，因雲霧聚集在山中，能讓一些求職者或能力不足者，來到此地學習、培訓，課程一結束時，已將雲霧化為水而離開5土印星、學堂，找到屬於自己的事業舞台。

例：我哥哥會改變他好賭的情性嗎？
答：狗改不了吃屎。

　　5戊遇5戊，5對5沒改變，也無法改變，兩個5當中會主動聚集雲霧，之後會化為水往山下流，5以水為財，想要財從天而降、無中生有，但哪知自己沒有溫度、能量，沒有專業知識印星，無法產生燥土吸水財，一生財來財去，要注意連老婆都會離家出走。

　　建議多充實自己，讓自己更有自信，不要再期待天掉下來的禮物，到最後會變成上天給你開了一個大玩笑。

數字 5 對 6 的詞句

戊見己： 客源流失、四川棧道、頭文字 D、

大街小巷、跳樓自殺、連續彎道

數字 5 對數字 6 詳解：

　　5 對 6，5 為戊土高山、堅持己見、墨守成規；6 為己土平地、平易近人，5 對 6 施予，6 因而得到 5 的山土，此象有如戊侵伐己土，為山地剝之象，剛開始 5 戊劫 6 己之財（十神的對應關係，請查閱 179 頁），但最後所有一切歸己所有。此 5 對 6 的組合，在強調對朋友之互助，也代表由固執己見、墨守成規，改變為平易近人，相知相惜。

　　5 對 6 的組合，此改變是由難變易，由繁雜變簡易，由堅持變妥協，由天馬行空變為制度化，但於求財之部分，反而是缺乏的、損失的、透支的，宜小心防範不必要的金錢流失。

例：這個朋友對我有助力嗎？

答：沒有。你的朋友因平易近人，而與你成為好友，

　　但與對待關係來說，是你比較主動付出，他卻覺得無動於衷，覺得是應該的，所以朋友談心可以，但較無法得到互助。

數字 5 對 7 的詞句

戊見庚：魅力擴展、自我毀滅、山谷回音、
信義房屋、刀山油鍋、葡萄美酒、
山坡開採

數字 5 對數字 7 詳解：

5 對 7，5 為戊土高山，為人墨守成規、堅持己見、難以溝通；7 為庚金強風、金屬、刀劍、鐵器，於個性主動積極，很有企圖心、執行力，較不知進退，少有思考、思慮，而盲目往前衝。

7 遇 1 甲木為財，7 的強風易造成 1 的損傷，7 在賺取財物時，全部掃颳一空，7 庚金遇 5 戊土無法風行天下，1 甲為 7 庚金的財星，所以 5 戊土印星擋了 7 庚金財路之象，但也代表 5 可讓 7 多了思慮、思考，而不會一意孤行。

5 與 7 的組合，5 戊土對 7 金想付出、施予，因為土生金，也想藉由 7 的魅力擴展自己 5 的舞台，但反而阻礙了 7 的企圖心及行動力，5 讓 7 得到了思考、約束力、學習成長，但對 7 來說：可真是苦不堪言，行動受限，有志難伸。但反過來說，其實也可使 7 思考後再出發，減少不必要的損失。

數字 5 對 8 的詞句

戊見辛：雲霧密佈、五花八門、垂涎野味、
野獸出沒、世界屋脊、滿山果實、
憂鬱煩惱、進入障礙、八卦圖陣

數字 5 對數字 8 詳解：

5 對 8，5 為高山之土，8 為辛金、雲霧，8 悠遊自在，5 卻想要保護，讓 8 免於受難，而此時 8 覺行動被約束、不自由，想要反抗、表白，但由於自己的雲霧密佈，也無法很有主見的表示意見，只好默默承受內心諸多的委屈不滿，等明日太陽高照時，我 8 辛金，即能一躍脫離這約束當中，到世外桃源，感受這甜蜜的負擔，但終究還是感覺到無法自由自在。8 雖然有點不自由，但 8 以 5 為印星、為房子、保護、安逸，此時感覺到是安心的、悠閒的、是受到保護的。

5 與 8 的組合，5 能突顯被利用的價值，能突顯自己重要之角色，但畢竟 5 遇到 8 的組合，是自己 5 遇到雲霧，是自己陷入迷惘當中，必須透過 3 太陽(3 太陽為 8 的官星、夫星、事業)，透過學習才能改變環境化憂鬱為喜悅。

字 5 對 9 的詞句

戊見壬： 難以溝通、上山下海、相同祖源、
花錢消災、山明水秀、功虧一簣、
同床異夢、抵擋盜匪、土石洪水

數字 5 對數字 9 詳解：

　　5 對 9，5 為高山之土、堤防、城牆，為參天大樹的基磐；9 為壬水，流動的水，水也可引申為匪徒、盜寇、有行動力的人，5 為 9 的官星，官星是一種約束力、責任、事業、也為執法者、警察，5 官星要來約束 9，9 為 5 的財星，9 想侵伐 5，其象為 5、9 互不了解對方，卻要改變對方，佔有對方，想得財官。

　　5 可抵擋盜匪，如同守衛室因 5 戊為高山之土、城牆、堤防，5 以 9 為財星、金錢、物質，所以 5 遇 9 壬水者適合管財，很忠心、不貪污，但要防疏忽引起的財損。

　　5 與 9 的組合，會管理別人的財，卻不會理自己的財，只要 5 增加能量、溫度，多參與學習、進修，增加專業知識、能力，就能了解 9，就能讓 9 心甘情願為您付出，為您所用了。

數字 5 對 10（0）的詞句

戊見癸： 財來財去、難以捉摸、黑山老妖、
泡湯溫泉、揮霍無度、煞車失靈、
離家出走、水落石出、急速下降、
私奔離家、暗渡陳倉

數字 5 對數字 10 詳解：

5 對 10，5 為高山之土戊，10 為癸水雨露之水，
10 癸水從天而降，遇戊為高山，與神佛較為接近，
喜神秘學也迷信好學。

5 戊土以水為財，5 無法蓄水，守財守不住，唯
有增加 5 的溫度、能量，讓 5 戊土變為燥土才能吸
收水，財星才能守的住。

5 與 10（0）是天地合之數，5 以 10 為財星，10
以 5 為官星、事業，5、0 合稱戊癸合、財官之合，
5 合了 10 的財，合財者較不會虧待自己；10 以 5 為官
星、事業、責任，10 在 5 高山上會快速流下，不想被
工作約束，喜歡自由自在的事業環境，宜往業務性質
之工作為宜。

5 以火為印星、學習，50 合戊癸合火為印，會花
錢學東西，買生財器具，也懂得適時來犒賞自己。

5與0的組合，雖然合到財星，但卻無法掌握到財、感情、金錢，財也為男命的女友、妻子，所以男命較無法了解另一半的心思想法，宜用甜言蜜語，增加愛情的溫度，才能讓5、0組合的愛情更甜蜜、美滿；也宜用積極、熱情的態度去面對人、事、地、物，將有更完善、美滿的結果。

例：這個月業績是否有比上個月更好？
答：沒有的。

　　5以0為財星、為事業、為收入、為客戶，5戊為高山，10為癸水從天而降，快速從5山流下，代表金錢、客戶在流失，業績在下滑，無法像上個月一樣的好。

　　宜參加業務專業之訓練、學習，增加火印星的能量，才能讓5戊土變為燥土可吸水、吸財星，讓業績提升，留住客戶群，保持穩定的營業額，也要建立客戶的資料庫，適時適宜的電託關懷，會有更好的業績產生。

數字6　　己土（心胸開闊的田園）

　　己土排序為6,為陰土,己土為大地上的田園、軟土,環繞在我們四週圍眼睛所看到的可以種植蔬菜水果、種花的鬆軟土質,含有多元化的養份,以滋養花、草、蔬果生長,土裏有動物不吃不喝的睡著,還有蚯蚓蠕動著生機,土是一切萬物的根本,大地的搖籃、大地的母親。

　　6己土之人,平易近人、沒有架子、不懂拒絕別人,是爛好人的一種。6己土之人的內心世界是多彩多姿的,懂得利用時間學習才藝,充實內在的生活,知道人生的去向,了解世界局勢,懂得累積能量,在必要時釋放出好的能量、磁場,給予團隊新的點子。

　　6己土之人外表客氣、有教養,想休息時會徹底放鬆,到外地旅遊,增長見聞。

　　6己土能無中生有,創造出事業、鞏固事業版圖,而能無中生有的原素,來至於努力不懈的學習,如此產生了3丙火太陽知能量,普照大地。

　　6己土之人適合當導遊,在這新時代、新氣象、新趨勢的行業裏,是觀光導遊為首,以己土開闊的心胸和眼光,用專業知識將團帶出美好的每一天。

數字 6 對 1 的詞句

己見甲： 成就自我、水土保持、瓷器筆筒、

官位不保、不勞而獲、地方名人、

農村高塔、嫵媚動人

數字 6 對數字 1 詳解：

6 對 1，6 為己土平原、良田、土地；1 為甲木，高大的樹木，指標性人物。6 以 1 為官星（十神的對應關係，請查閱 179 頁）、為事業、為女命之老公、男朋友、男命之女兒；1 以 6 為財星、金錢、感情，但因 1 為高大樹木，遇 6 鬆軟之土地，根基不穩固，1 只要越有成就，事業越大，其遇到 6 產生的危險性就越高，不堪一擊，容易被連根拔起，宜更謙虛待人，才能保住江山。

6 遇 1，代表事業是我可以掌握的、能與我合為一、我擁有、我投入。1 與 6 的組合是一組陰陽組合，有如夫妻之合，1 為夫，6 為妻，夫聽命於妻，1 遇 6 失去大男人之情性，6 遇 1 做事業駕輕就熟、事業工作主動而來，但 6、1 的組合，宜下不宜上，要保守，即能得到成就。

數字 6 對 2 的詞句

己見乙： 擴展事業、神農嚐草、草莓季節、

五穀大帝、短視近利、雜草叢生、

平易近人、短期農作、連鎖事業

數字 6 對數字 2 詳解：

　　6 對 2，6 為己土良田、平地、平原、鬆軟之土地；2 為乙木小花草、藤蔓，2 乙木在 6 己土之上得到良好的時間、可快速成長，得到財利。

　　6 以 2 為官星、事業，2 以 6 為財星、感情、金錢，一財一官各取所需、互謀其利、共依共存，得到財利與貴氣。6 與 2 的組合，凡事都能速成之功，而得到近利，但速者有過，當得到利益時，不宜在擴展投資，宜保持現況，因畢竟不是 1 甲木遇到 5 戊土，但 1 遇到 6 還是不宜在擴展投資，兩者都宜在穩定當中求生存發展，最好將所賺到的財利、金錢購買不動產或保險、儲蓄，要不然乙木 2 數是無法經過冬天的寒冬之氣。2 乙木很容易因流行趨勢而賺到錢，因 2 是後天之天機星，能快速洞察趨勢、流行，但流行過後馬上不見，又要重新來過，這是 2 乙木最大不足的通病。

數字 6 對 3 的詞句

己見丙： 名利雙收、心服口服、皮膚過敏、

天體日浴、口乾舌燥、無中生有、

第三眼睛、山崩地裂、喜從天降

數字 6 對數字 3 詳解：

6 對 3，6 為己土良田、能快速育化生成的土，3 為丙火太陽，6、3 為 6 己土良田見陽光，有 3 太陽丙火生化萬物，無中生有、有創意生成萬物、開創事業，有企圖心，追求理想，成為頂尖的企業主。

6 以 3 為正印，印星代表學習、房子、長輩、母親，3 以 6 為傷官，傷官代表現、慾望、才華、晚輩、舞台的展現，6 與 3 的組合，又生成了花草、樹木，所以形成官印相生之格局，3 帶給 6 學習、房子、權利而讓 6 更有內涵、實力、自信，也因此又得到職位、成就，非常的有貴氣。

6 與 3 能產生無中生有，從無變有，人、事、地、物皆如此的應用、論斷，3 丙火太陽生成 6 己土上的生物，造就己土 6 成就事業，官印相生，掌控權利。

數字 6 對 4 的詞句

己見丁： 自我學習、冬暖夏涼、信心十足、
醫院護士、公家機關、胃火旺盛、
皮膚潰爛、香火因緣、骨質硬化

數字 6 對數字 4 詳解：

6 對 4，6 為己土、良田、土地、大平原、軟土、可塑性之土；4 為丁火、香火、神佛、祖先牌位、太陽所留下的能量、溫度。

6 己土遇 4 丁火（溫度）陶器成形，比 5 戊土更硬、更固執，4 丁見 6 己土燒成陶器後會安於現況，不會再改變，4 丁火為 6 己土之印星，印為家庭、房子，丁為能量、香火，所以 6、4 有香火傳承之意涵，宜在家中供奉祖先牌位。

6 遇 4 的組合，很顧家，乃 6 以 4 為印星，能量、香火，此組數字若有 1 甲木的出現，即是更完美的組合。 那 1 甲木是從何來呢？1 甲木即是 6 的上司、老闆，所以 6、4 的組合，只要謙卑，懂得敬老尊賢，就會出現好的上司、老闆，也會造就事業更穩定、更得心應手，但也因 4 的高溫，有時真的讓 6 己土很難招架。

數字 6 對 5 的詞句

己見戊： 喜從天降、月球表面、荒野之墳、
交界地帶、城鄉差距、財從天降、
選美比賽、懸崖峭壁、皮膚乾裂

數字 6 對數字 5 詳解：

6 對 5，6 為己土良田，5 為戊土高山，5 對 6 是我 5 高，對方 6 低，6 對 5 是我 6 低，對方 5 高，此組合易形成土煞。

此組合當龍邊有高凸之物時，代表可得到父母、兄弟、姊妹、對我的助力。當虎邊有高凸之物時，即形成右邊的形煞，住宅格局易規劃錯誤，宜謹慎小心選擇宅居之環境。

6 對 5 的組合，雖然我 6 可得到機會，但必竟 5 帶給 6 無限的壓力，是機會、也是壓力，當然會形成 5 的水往 6 而來，5、6 以水為財，所以 6 與 5 的組合，易形成我劫朋友、兄弟、客戶的財，因為 5 的財水往 6 流下，5 的客戶被我 6 搶走了，而且是主動而來，不經強求而來。

土煞也可代表在住家旁邊或前面有人在整修房子、動土之事，此時形成住家的土煞、犯土煞會

損財、妻子身體與父親身體不好，宜用清淨水淨
之，以化解土煞的煞氣。

例：身體狀況如何？

答：易因皮膚或胃腸形成潰爛或胃潰瘍，宜儘快診
治。

　　6為己土、5為戊土，土代表人的皮膚，6的土
因5土的剝落，而6土增加，代表皮膚增生，長了
瘡，也有皮膚乾裂之象；5戊土的剝落破皮有潰爛，
土也代表胃，為胃潰瘍，宜往東南方、南方診治，
就能對症下藥。

例：這個月財運如何？

答：這個月財運很好，比上個月增加很多，而且客
戶群也增加了。

　　乃5高山剝落於6，客戶增加，又戊5高山的水
會往6己土流下，所以財運不錯、業績不錯，宜把
握當下擁有的一切。

數字 6 對 6 的詞句

己見己：無人開採、懷才不遇、分家奪產、
田徑比賽、同流合污、胃口極大、
可敬對手、飛機跑道、窮鄉僻野

數字 6 對數字 6 詳解：

6 對 6，土地對土地，成為廣大的平原，土地平原必需要有木（1 或 2 數），才不至於成窮鄉僻野、荒郊野外、無人開採。

以 6 對 1 或 2 為官星（十神的對應關係，請查閱 179 頁）、為事業、責任，所以 6 對 6 沒有事業或工作的人，就易產生荒廢、浪費、同流合污的現象，沒見到木則沒有被利用的價值，成為荒廢的平原、土地。代表空有一生技能而無法展現、懷才不遇。如同東西買一買而無使用，浪費金錢。

6 遇 6（十神的對應關係，請查閱 179 頁），代表沒有進展，成績沒有進步，沒有進展即事業沒進展、成積沒進展、感情沒進展，也代表比肩對比肩，比比相見就有奪財的現象，象如兄弟分家奪產。

比肩遇比肩，理念相同、思想相同、實力相同，若為合作的伙伴是不錯的，共同為同一目標努力；

但如是競爭對手，那即是一位可敬的對手，一交手
難分勝負。

例：我要與朋友共同創業、合作的結果如何？

答：結果不好。不如改變合作方式或暫時不要作此
　　抉擇，等待時機成熟在說吧！

　　6己土與6土，如同荒郊之地，雖想無中生有，
創造事業，有共同的理念，但也代表沒有進展，兩
人都沒有主見，少了企劃，也代表專業知識不夠，
最好先去學習一些專業的課程，對於未來想要從適
的事業有很大的幫助。

數字 6 對 7 的詞句

己見庚： 充份授權、種子部隊、廣澤尊王、
有氧舞蹈、沙塵風暴、風行天下、
暢行無阻、舞台表演、農耕鬆土

數字 6 對數字 7 詳解：

6 對 7，6 為己土平原、土地、良田、廣大平原，7 為風、傳播之氣、粗鐵礦、刀劍，於人物為有魄力的將軍、有企圖心的人士。

7 的風遇 6 己土平原風行天下，暢行無阻，有傳播之氣，來產生官星 1、2 的甲木，在遊玩之中發展事業。為興趣又可賺錢，能因興趣產生事業，也因事業產生興趣。

6 遇 7，為傷官、能力為才華洋溢，能將一技之長表現無疑，有能力又有舞台，且名氣遠播，有良好的產品，又有行銷通路、人脈，如此的搭配是加分的。

7 為氧氣、朝氣，8 為二氧化碳，6 與 7 朝氣的組合，有用不完的精力，能適時、適地完美演出、遊戲人間，將好的種子、訊息傳播開來，傳播到各地，遍地開花、名揚四海。

數字6對8的詞句

己見辛： 遍地黃金、錦上添花、地藏菩薩、

瓜田李下、沼澤地帶、重新投胎、

埋沒人才、重新播種、果實落地

數字6對數字8詳解：

6對8。6為己土、廣大平原、土地、良田、農田之地、平房；8為辛金、果實、種子、雲霧、二氧化碳、西方之聖、沼澤之地。

以6對應8為食傷(十神的對應關係，請查閱179頁)，食傷為表現，有好的表現、舞台，才有完美的演出，6土生8辛金，為培育8種子會全力以赴，但若只堅持己見，無法融納別人的意見時，那就變成太硬的土，就無法讓優良的種子破土而出的，反而變成爛掉的果實。

以8的角度來說，6為8之印，印為母親、教育、學習環境，太過於溺愛子女，反而母慈滅子；錯誤的學習、教育，使8辛金沉溺不振，所以6、8的組合，結過如何?與自己當下呈現什麼樣的心態有極大的關聯性，是成是敗，是遍地黃金還是重新投胎，在於您的抉擇。

數字 6 對 9 的詞句

己見壬： 入宅請客、水鄉澤國、在水一方、

難達彼岸、月下老人、提領現金、

喜中頭獎、不請自來

數字 6 對數字 9 詳解：

6 對 9，6 為己土、廣大平原、土地、農田之地、房子。9 為壬水、廣大的水流、河川之水、海洋、流動的水、灌溉之水。

6 以 9 為正財、為感情、為金錢、為求財的機會，也為女朋友，6 己土的平原，因廣大的水流而淹沒己土，成為水鄉澤國，此時卻造就 6 己土得到求財機會，6 雖然被淹沒看不到，6 己土反而是多多益善，不怕處身於水中，因為 6 與 9 是共融的，此 9 的侵伐，亦代表金錢自己來、感情自己來，不會像一般人所講的，因財多身弱，而招惹是非。

9 也因為 6 而得到事業與職位、名份，而且這事業與職位又能讓 9 壬水大快人心，只是面對在平原上的 9 水財星，終究會往低窪處流，6 己土要懂得更謙卑，才能讓 6 土更低陷，免得 9 財星往外流，一去不回頭。

數字 6 對 10 的詞句

己見癸：深陷沼澤、投胎轉世、深思熟慮、
　　　　　洗錢高手、聚財寶盆、心無遠志、
　　　　　喜從天降、為情所困、無法自拔、
　　　　　胸無大志、進退兩難、名譽受損

數字 6 對數字 10 詳解：

　　6 對 10，6 為己土、平地、平原、良田、土地、可塑之土，其個性平易近人；10 為癸水、陰煞之水、雨露之水、智慧、能儲存記憶，凡事喜歡由天而降，講求機會、很會思考、喜歡作夢、記性相當好，有過目不忘的特性。

　　6 己土遇到從天而降的雨露之水，不因得財而喜悅，反而變成爛泥巴，有迷失之象，因 10 的雨水下在田園土之上，水沒流動，土地即成濕陷，只要腳一踏，就深陷於沼澤之中，讓您無法自拔。

　　10 遇 6 己土，是我 10 讓對方 6 受難，因我求好心切，反使對方受困。6 遇 10 則是對方 10 使我 6 受困，我因金錢、感情牽絆而無法自由自在，我因為財利而迷失自我。

10 以 6 為官星(十神的對應關係，請查閱 179 頁)、七殺、工作、事業、壓力，我 10 經營事業，卻把事業搞垮了，公司老闆因為我的辦事能力不佳，而讓公司造成損失，讓上司哭笑不得。

　　6 以 10 為財(十神的對應關係，請查 179 頁)、為金錢、感情、利益，我為追求利益，而使自己深陷沼澤當中，進退兩難;我 6 因感情 10 的關係，讓我名譽受損，成為爛泥巴;所以 6 唯有透過事業 1、2 的經營，要能承擔壓力，才能安心自在賺取應得的財物，也唯有透過學習，才能得到好的感情、甜蜜浪漫、幸福、美滿。

例:我與女朋友的互動如何?

答:你們倆人的互動常處在浪漫的氛圍當中，為了情愛變成不積極、企圖心減弱，也因此在工作上常常出差錯，造成公司或老闆的損失。

宜重心調整思緒，上課學習專業知識，才不會因為女朋友的出現，而深陷愛的沼澤當中，難以自拔，成爛泥巴，才能得到真正甜蜜與幸福。

數字7 庚金(強者的象徵)

庚金排序為7、為陽,在天是氣流、是風、是氧氣,也為傳播之氣,讓植物結成果實、種子,也帶動人積極、有企圖心、執行力,在地為剛硬銳利的金屬、刀箭;庚金之人,思想嚴密,不苟言笑,強勢、一板一眼、剛正不二,在軍中是將領,帶兵如天神,話出如刀,字字鏗鏗有力。

庚7有改革的氣魄,在金融界,可發揮長才,得用時,更可將事業版圖拓展到另一個層面、風行天下,創造未來,未來黃金十年,知道智慧財,比勞力財來的重要,所以會轉戰自己熟悉的領域。

7之求財是大財,一次全搜刮,要就來大得,不要就走人,7行事有魄力,但欠缺思考,反而在感情之對待,會改變情性,在事業上衝鋒陷陣,回到家中溫柔體貼,這是7庚金與1甲木最大的不同,甲木大男人,到家中面對老婆,會以老婆說了算,但7庚金回到家中,是體貼溫柔。

數字 7 對 1 的詞句

庚見甲： 積極賺錢、殺戮戰場、霸王卸甲、

光合作用、一葉知秋、額度增加、

成功豐收、魄力十足、目標達成

數字 7 對數字 1 詳解：

7 對 1，7 為庚金、為風、為傳播之氣、在地為剛硬銳利的金屬，庚金之人，思想嚴密，不苟言笑，為將軍，1 為甲木、為老闆、為目標、為指標性人物、有愛心、不知變通。

我為 7，本身積極行事，遇到 1 甲木的目標，勇往直前追求，得到該得的物質、金錢，代表願望是可實現的，而且越積極得財越多，又是大財，乃因 7 以 1 為金錢、財星，也為感情、男命之老婆、女朋友，我可到達設定之目標，擁有感情、金錢。

以 1 來說：1 以 7 為事業、責任、壓力。1 因 7 的工作事業，而憊感壓力。

若以 1 的角度來說：1 因為有 7 而被征服，也無法有招架之地；7 因有 1 得到戰利品，但要特別注意，7 不可因為得到勝利，而得意忘形，反而要更謙卑，如此便能福澤延綿，享用不盡的財富。

數字 7 對 2 的詞句

庚見乙： 為情所困、招降納叛、刀下留人、

天人合一、整容手術、媒體廣告、

蜜蜂採蜜、資訊傳播

數字 7 對數字 2 詳解：

7對2，7為先天的天機星，主風也主大將軍、強勢、思想嚴密、不苟言笑；2為後天的天機星，主花草、藤蔓也能為將軍身旁的幕僚或是女人，也能觀測7風的旺度，因為7風一來，2乙木隨風搖擺而知風的方向及強度，7與2兩共依共存。

7遇2的組合，是一組黏密的組合，也為夫妻之合，7以2為財、為妻、為金錢物質；2以7為官、為事業、為女命之老公、男友；7、2的合，代表是有情愫之合，也為好的組合，7遇2得了好的幕僚、軍師，改變了主觀、一意孤行。

以2來說，2遇7願意被屈服，而且是心甘情願為7而改變一切，嫁雞隨雞之心態，圓滿、順利。

7以2為部屬、員工，7充份授權於2，2得到7上司之認同，造就更多機會，使得7財利豐收，大快人心。

數字 7 對 3 的詞句

庚見丙： 護駕有功、略遜一籌、北宋滅亡、
笑裡藏刀、黃袍加身、護駕心切、
尚方寶劍、師出有名、名正言順

數字 7 對數字 3 詳解：

　　7 對 3，7 為庚金、將軍，有主見、主觀、有魄力之人；3 為太陽丙火，是位有權威、有名望、有知名度之人。

　　7 與 3 兩者的搭配，7 因有 3 而師出有名、名正言順，不再是有勇無謀之人，因而得到對方 3 的認同、讚賞；3 因有 7，而可代勞執行任務，完成目標，有如 7 是大將軍、主帥旁的大護衛、護駕有功，3 為主帥、皇帝，遇到 7 將軍之護駕，實至名歸，安心視察民間之疾苦、了解民意，是一組相當不錯的組合搭擋。

　　7 遇 3 的組合，以 7 的角度來說，7 以 3 為官、為事業、為責任；以 3 的角度來說，3 以 7 為財、為金錢、利益；所以 7 遇 3 能得到事業成就、充分授權，皇袍加身兩者互謀其利，創造價值。

數字 7 對 4 的詞句

庚見丁： 近廟輕神、郡主駙馬、生日許願、

後繼無人、心腸不壞、吹滅蠟燭、

打破油燈、工作不定

數字 7 對數字 4 詳解：

7 對 4，7 為庚金、剛硬銳利的金屬，有勇之人、有魄力、有行動力；4 為丁火，為幕後之人；4 丁無安全感，乃丁為太陽所留下之溫度、為晚上、燭光、小火。

7 以 4 為官星、老闆、上司、事業，4 丁雖為 7 庚的上司、老闆，但 4 的火光易被 7 吹滅，讓 7 總覺得 4 這位老闆、上司魄力不足；4 遇 7，4 覺得 7 對自己 4 有威脅、有壓力，所以 4 會口無遮攔，反而讓 7 覺得 4 這位上司不友善、不會惜才。

7 遇 4 的組合，7 為 4 的財星、金錢、物質，4 為 7 的官星、事業，也為女命的老公；7 對 4 代表這份工作、職務是我可以勝任的，是可完成的，雖不是很有成就感，但至少還不錯，因為一切在我 7 的預期之內，事業、工作在我的掌控當中。

數字 7 對 5 的詞句

庚見戊： 有理不通、億載金城、齊天大聖、
野戰部隊、樑上君子、打壁鑽牆、
開採礦石、整地興建、行動受限

數字 7 對數字 5 詳解：

7 對 5，7 很有執行力、行動力、不苟言笑之人；5 為戊土、為高山，為固執之人，不懂變通，但穩定性高。

7 遇到 5，強風遇到山崖峭壁，有理講不通，讓 7 氣到半死；5 遇 7，5 為 7 的印星，印星為思考、學習、知識，5 覺得 7 有勇無謀之人，5 一直想要教化 7，讓 7 懂得思考、企劃，要讓 7 多學習專業知識，所以兩者理念、落差極大。

7 為急風、執行者、有魄力之人，遇到高山 5 戊土，讓 7 風力變小而在山邊週旋變成雲霧，密雲不雨，行動受限而無法去執行，去完成任務，使 7 也開始變為不積極之人；所以建議 7 之人，山不轉路轉，路不轉人可轉，不要盲目進行，要改變方向，轉個彎，就可出現轉機了。

數字 7 對 6 的詞句

庚見己: 外出打拼、沙漠風暴、技術傳承、
解甲歸田、文武雙全、犁田耕種、
鋤頭開墾、準備耕種

數字 7 對數字 6 詳解：

7 對 6，7 為將軍、有理想人，一心想達成理想、目標，7 也為鐵器、鋤頭、犁田器具；6 為己土，平易近人之作風、得到了好的人際關係，也為平原之土、良田、平地、可耕耘之地。

7 遇到 6 可暢行無阻，風行天下、遊戲人間，能因實踐興趣又能賺到錢，何樂不為。7 也為金屬、鐵器，與 6 己土遇之，如同用鋤頭開墾田地之象，也為犁田耕種，互謀其利，創造 6 之價值。

7 遇 6 的組合，7 以 6 為印星、為正印，正印如同母親、學習、知識，6 以 7 為傷官、為舞台、表現、時機、願望。7 因為 6 母親正確的教育方式及學習到對的學術，可以展現，風行天下，傳播學術、知識、理念，讓 6 引以為傲；6 因為有 7 這位積極向上的子女、部屬，而完成 6 的夢想，實踐 6 的理念，6 也藉由 7 的表現，而名揚天下、達成願望。

數字 7 對 7 的詞句

庚見庚： 波及他人、災情慘重、聯合作戰、
項羽劉邦、勝負已分、兩強之爭、
刀光劍影、力量倍增

數字 7 對數字 7 詳解：

7 對 7，7 為庚金、強風、氣流、將軍、有魄力、威嚴、執行力強，也如同老虎，遇到另外的一個 7，如同兩虎相爭，一山不容二虎、兩強相爭之象、勝負難分。

兩個 7 形成兩股氣流、旋渦、亂流，很容易造成金錢、財務的損失，因為 7 以 1、2 為財星，1、2 屬木，7 颱風一來將 1、2 的木連根拔起，而損失財物，也代表兩者的競爭，造成第三者的財損。兩股勢均力敵的力量，讓您白忙一場、一無所獲，也容易造成身邊的人無妄之災，可要三思而後行，化敵為友，共創事業，力量倍增。

7 遇 7 的組合，為比肩對比肩的組合，這種合作是不長久的，兩者都想要當領導者主導事情，誰也不讓對方，有勇無謀，是造成虧損的主因，宜禮讓對方，化敵為友、謙卑行事，才能達成目標。

數字 7 對 8 的詞句

庚見辛：氣勢凌人、保本增值、粗鹽味精、
　　　　　大腸香腸、老牌醬油、鐵變黃金、
　　　　　氣勢消滅

數字 7 對數字 8 詳解：

　　7 對 8，7 為強烈的氣流，也為積極行事之人，不安於現況、能鎖定目標，積極往前衝。8 為辛金、為雲霧，也為不積極，安於現況之人。7 也為粗獷的金屬，8 為經過加工，精美價值性較高的金飾、珠寶，也為貴氣、重感覺之人。7 為行動派，8 為理念派，兩者差異極大。

　　7 遇 8，粗鐵變黃金，於求財心想事成，但於人事的對待，反而 7 的氣勢讓 8 難以招架，7 不得人和；以 8 對 7 的角度來說，8 的氣勢較弱，遇到 7 而難以勝出，無功而返。

　　7 遇到 8，由風變為雲霧，由積極變怠慢，由勞碌變安逸、由不經思考魯莽變為拖拖拉拉，所以 7 遇 8，是好是壞，則是由您自己來決定的，也因主題不同，而差極大之不同，只要能細心思索，必能得到正確的答案。

數字 7 對 9 的詞句

庚見壬: 狂風暴雨、乘風破浪、耶穌基督、
鐵達尼號、刮骨療毒、水上機車、
螺旋動力、水中馬達

數字 7 對數字 9 詳解:

　　7 對 9,7 為狂風、強烈的氣流、積極行事之人;
9 為大水,狂風遇大水,風雲變色,飛砂走石,也
易形成土石流,此象也如同水上機車,船中上的螺
旋動力與水中馬達。

　　7 庚金的風引來 9 的大流水,7 的目地達成,但
風大雨大血流成河;代表辛苦勞動、努力的付出,
有得到成果,但是付出很多的代價、勞力時間及體
力,才見到成果。

　　9 以 7 為印,為學習、成長、為母親、長輩、動
力,9 因為有了 7 而更有自信、動力,不顧一切往
前衝刺而得到亮眼的成績。

　　7 遇 9 的組合,7 以 9 為成果、為戰績、為舞台,
7 因為 9 而辛苦成功得到獎賞,7 也因 9 而得到舞
台,能完美演出,得到掌聲如雷,但成功的背後是
辛苦努得來的。

數字 7 對 10 的詞句

庚見癸： 達成任務、大腸水療、男兒有淚、
　　　　　義正詞嚴、黑白兩道、人造雨霖、
　　　　　風雨交加、掌聲如雷

數字 7 對數字 10 詳解：

　　7 對 10，7 為庚金、為強風、為將軍；10 為癸水、為雨露之水，為由天而降的雨水，7 的強風，而帶動足夠的水氣，使天降下了雨水，如同將軍作戰成功，得到戰利品，而功成身退；因 7 的風遇到了雨水，風力即減退，目地完成，天降甘霖、衣錦返鄉，受到鄉親如雷的掌聲。

　　10 遇 7 的組合，10 因為有了 7 強風，而更增加了 10 癸水的能力、自信及權利，10 以 7 為印星、知識、智慧、學習，10 只要透過學習，即可得到更多的成就與智慧。

　　7 遇到 10，圓滿達成任務，讓 10 受益得到成果；7 以 10 為結果，為食傷、表現、舞台，7 有 10 完成目標、功成身退，7 與 10 是自在又完美的表現，因而得到喝采；10 因為有了 7，而得到實質的權力，這是 7 給 10 最大的保障與承諾。

數字 8　辛金(披上神秘外套的貴婦)

　　辛金排序為 8、為陰、在天是雲霧密佈之象、也為陰濕之氣;雲霧積聚很多,無法化成雨水落下落地,便有陰氣沈沈的鬼魅之象,也類似病菌、發霉的象,癌症、腫瘤、乳癌都是辛金 8 的氣。

　　辛金 8 也為二氧化碳、缺氧,於室內辛金 8 過重,就會發霉,家中之人易犯癌症、腫瘤,宜保持室內空氣流通。陽宅四要:整潔、乾淨、明亮、氣流通。如此居於家中,才能有朝氣、企圖心,擴展事業版圖。

　　辛金之人外表貴氣,無行動力,重感覺、愛幻想,力道不足,所以會像雲霧一樣膠著,所以辛金之人碰到問題,就會往宗教裡去尋求解脫,和心靈層次的成長,在冥想、靜心當中,開啟智慧的寶庫。

　　8 辛金遇到溫度 4、太陽 3,才會化為水,轉化其功能性,也代表可學以致用、才華洋溢,可完美的演出。 8 辛金也為貴重的金飾,經過精心雕琢的鑽石、珠寶,氣質非凡;遇到 9 壬水,可洗滌 8 辛金之濁氣、汙垢,讓 8 辛金更美、更有貴氣,也能將幻想付之行動。

數字 8 對 1 的詞句

辛見甲： 完美結果、月黑風高、聖誕節慶、
上吊自殺、迷霧森林、塔上雲霧、
成就財富、年年豐收、創造價值

數字 8 對數字 1 詳解：

8 對 1，8 為辛金、小刀、金飾、為雲霧、也為果實，1 為甲木、為果樹、高大的樹木、為指標性人物、領導者。

1 為 8 之財星（十神的對應關係，請查閱 179 頁）、金錢、感情，男命之老婆、女朋友，8 遇到 1，是證明自己得到成就、自信、能力，證明自己是有作為的、有產值的甜美果實，而不再是雲霧，也不是虛無飄渺的氣，而是果實；1 樹木讓 8 變成果實，1 有了 8 而事業、名望，兩者相互證明自己的實力，而成就事業與財富，1 也能年年豐收，一直在創造價值。

8 遇 1 的組合，是 8 得到 1 的正財星、金錢、老婆、女朋友、財富。以 1 來說，1 得到 8 的正官星、事業、職位、工作、老公、男友，兩者的組合是黏密，且是豐收的，相互創造價值。

數字 8 對 2 的詞句

辛見乙： 重新播種、凍頂烏龍、輪迴轉世、
呆若木雞、基因改造、裁紙小刀、
剪裁布衣

數字 8 對數字 2 詳解：

8 對 2，8 為辛金、珠寶、金飾、貴金屬、為雲霧、也為果實；2 為乙木、為藤蔓、花草，腦筋相當靈活，是很好的幕僚，懂得借力使力、攀附，創造價值。

8 遇到 2，也是證明自己得到成果及財利，而不再是虛無漂渺的雲霧，也不是一個只是會作白日夢的夢想家，但 8 對 2 與 8 對 1 兩組的組合有相當大的差異，其結成果實後，也是 2 功成身退，退居幕後的時候，但 1 結成果實後，一直都是最有身價的人，一直再創造價值。

8 遇 2，2 為 8 的財、金錢、物質、男命的女友，8 為 2 的官星、事業、壓力、責任、女命的男友。 以 8 對到 2，代表 8 得到該得的財利、金錢、物質；以 2 的角度來說，2 者是傷痕累累的，而且壓力重重、責任大、付出多，完美的表現之後，即將功成身退，

只能期待明年春天的到來，一切都重新而來、重新播種。

例：我適合作什麼樣的工作屬性呢？

答：適合賣烏龍茶、飲料或剪紙、剪裁布衣、藝術方面的工作性質。

因 8 為雲霧，2 為小花草、樹葉，樹葉上有雲霧，象如凍頂烏龍茶的象，所以賣茶葉或飲料是相當不錯的；又 8 也為小刀，2 為紙張、布料，象為拿剪刀打造紙藝術，或裁縫布衣之象，所以可以此為事業的屬性。

數字 8 對 3 的詞句

辛見丙： 獻美人計、月亮蝕日、心肺衰竭、
降妖伏魔、封神演義、官兵強盜、
風韻猶存、真相露白、執著權貴

數字 8 對數字 3 詳解：

8對3，8為思想家，氣質高尚文雅，也為月亮；
3為太陽丙火、為知名人物、政治人物、名望之貴，
當思想家8金遇到政治家3火時，兩者一拍即合，誰
也不想放棄誰。

以8來說，8以3為正官星、事業、職位、責
任、名份，為女命的老公、男朋友。以3的角度來
說，3以8為正財星、為感情、為金錢、利益、部
屬、情人，為男命的老婆、女朋友。

8與3為陰陽合、為夫妻之合；8的雲霧、美貌、
氣質，使得3無法招架，而陷入感情的糾葛之中，
3為知名、權貴、名望之人物，為了8辛金，而失
去原有名望之氣，為了感情、利益而陷入迷失當中；
當然也可以比喻為8密雲不雨的想法、觀念，因為
有了3太陽的出現，而讓自己知道該作什麼，不再
只是想，而是付出了行動。

數字 8 對 4 的詞句

辛見丁： 真金火煉、鬼使神差、炭火烤雞、
母雞孵蛋、鱷魚蚊香、香火傳承、
腫瘤去除、穩定控制、金錢虧損、
阻礙糾纏

數字 8 對數字 4 詳解：

　　8 對 4，8 為辛金、雲霧、果實，也為思想家、氣質高尚、文雅有貴氣；4 為丁火、月亮、溫度、燭光。

　　8 的雲霧遇到 4 的丁火能量、溫度，是 8 失去了原本的特質，8 不再是雲霧，而是雲消、霧散。以人事的對待，4 丁火吃定了 8，讓 8 不見了，造成損失、壓力，金錢一直在虧損當中；以 8 遇到 4，4 是 8 的七殺、壓力、事業，這種事業卻使得 8 叫天天不靈、叫地地不應，面對這事業帶來的壓力，真是難以承受。

　　8 遇 4 的組合，問身體時，反而是找到病因，能將腫瘤去除了，而且病況一直在穩定控制當中，也可透過祈求祖先或神明、無形界，來解決 8 辛陰靈所帶來的阻礙與糾纏。

數字 8 對 5 的詞句

辛見戊： 安逸享福、火山爆發、國家寶藏、
鬼來壓床、雪中送炭、迷信好學、
相依為命、雲霧密佈、依賴成性

數字 8 對數字 5 詳解：

　　8 對 5，8 為辛金、陰靈、病毒、雲霧、二氧化碳，也代表氣不流通，5 為戊土、高山，高大建築物、城牆，8 遇到 5，雲霧棲息於山中、室內，而產生密雲不雨，久了反成為病毒、病菌、陰氣重重。所以 8 遇 5 不積極，無法進步，身體持續惡化當中，可透過運動或祈求祖先神佛之協助而得到改善。

　　8 遇 5 的組合，5 為 8 的印，印代表房子、學習、師長，代表住到錯誤的房子，師長的教導方式錯誤或學習的方法錯誤，應該儘快改善，以免造成更多的浪費，浪費時間、浪費金錢，都是不值得的。以 5 來說，8 是食傷、表現、能力、舞台，但這種舞台卻無法盡情將自己的能力、才華，完整呈現。

　　8 與 5，8 因為 5 而產生了依賴性，更突顯不積極的個性；但以 5 來說，5 卻是讓 8 產生了被利用的價值。

數字 8 對 6 的詞句

辛見己： 重新播種、事不單純、壽終正寢、
荒野遊魂、立地成佛、準備投胎、
八卦陣法、重頭開始

數字 8 對數字 6 詳解：

　8 對 6，8 為辛金、種子、果實、 陰靈、病毒、
雲霧、二氧化碳，也代表氣流不通；6 為己土、廣
大的平原、良田、土地。

　8 的種子掉落在 6 的己土田園之上，象如重新投
胎、重新播種，也代表凡事重新而來，剛開始之意，
只有剛開始，重新播種才能成功，若想要轉變、 轉
換跑道、擴展、增設，那必是果實爛掉之象，因為
爛掉才會重新而來，所以宜新不宜舊。

　　以 6 來說，8 是 6 的食神，食神為表現、為智
慧之星、也為才藝，但 6 遇到 8 的才藝表現，卻很
難隨心所欲，無法完美呈現所學。

　　8 遇 6，以 8 的角度遇到 6，6 為 8 的印星、學
術、學習，所以此階段的學習，一定是新的，重新
而來，沒有接觸過的，將是墊腳石，若是以前就學
過，那將是白忙一場。

數字 8 對 7 的詞句

辛見庚： 難以招架、垂簾聽政、投資慘賠、
人工呼吸、物價上漲、侵門踏戶、
鳩佔鵲巢、損失慘重

數字 8 對數字 7 詳解：

8 對 7，8 為辛金、安逸、貴氣、不積極、密雲不雨、喜歡做夢、行動力不足、整天幻想；7 為庚金、刀劍、鐵器、風、氣流，有如將軍之氣勢、魄力，積極行事，執行力強，有時得理不饒人。

我為 8、為雲霧、整天胡思亂想，遇到 7 庚金強風，改變了我不積極、被動的個性，由被動轉變為積極行事。

我為 8，為得過且過的心態，遇到了 7 劫財之星，卻劫走了我畢生的積畜，我 8 遇到強而有力的競爭對手。

8 與 7 的組合，此組合是劫財的關係，是對方 7 來劫我 8 的財星、金錢、感情，使我損失慘重，也代表競爭對手很強，很有氣勢，讓我無法招架，只能委屈求全、低調行事，減少不必要的投資、支借，將損失降到最輕、最低。

數字 8 對 8 的詞句

辛見辛：陰氣重重、與佛有緣、大義滅親、
　　　　找人頂罪、鬼話連篇、珠光寶氣、
　　　　頂級鑽石、頭昏腦脹、血壓上升

數字 8 對數字 8 詳解：

　　8 為辛金、雲霧、陰煞、骨骸、果實、菩薩，兩個 8 的對應是突顯、加重 8 所屬的力量，問題的主體、與主題相當重要，也是關鍵，不同的主體產生不同的答案，要確定主客體的關係。

　　8 見 8，陰氣重重，與佛有緣；8 見 8，心無目標、不知所措；8 見 8，果實累累，豐收之象，但要有豐收一定要有 1 甲 2 乙木的耕種，種了 1 甲 2 乙木、開創了事業、造就了一位老闆，才能將兩個 8 變為甜美果實的豐收。所以是喜、是悅、是憂、是折毀、是得到還是失去，皆因之前是否有播種、付出、努力，有播種、耕耘，才有甜美的豐收。

　　8 遇 8 的組合，如果遇到困難重重之事，則要透過 3 太陽丙火之轉化，或祈求祖先、神明的力量化解，也可以靠著自身的積極以及透過運動、流汗，來化解雲霧密佈的象。

數字 8 對 9 的詞句

辛見壬：顯現其能、神鬼奇航、水鬼城隍、
膀胱結石、桃太郎傳、墳墓浸水、
水鬼交替、犯豬精煞、稻田結穗

數字 8 對數字 9 詳解：

8 對 9，8 為辛金、珠寶金、貴重金屬、珠光寶氣，也代表骨骸、墳墓；9 為壬水、流動的水、溪水、河水、海洋、湖泊、灌溉的流水。

8 辛金、珠寶金遇到 9 壬水之洗滌，原本粉塵覆蓋，透過 9 溪水淘洗，變成晶瑩剔透，原本懷才不遇，現在遇伯樂，得以重用，發揮專才，顯現其能、才高八斗。

8 也為骨骸，祖先骨骸被大水 9 沖走之象，亦代表在河溪旁遇到陰靈纏身，宜透過丙火太陽照射，轉化其氣場，也可透過 4 丁火祖先、神佛之幫忙，化解陰煞之氣。宜檢視祖墳是否有犯水煞入侵。

8 遇 9，以土地的角度來說，該土地是種植水稻的，因 9 為壬水，灌溉用水，8 為辛金、結成的稻穗、果實，豐收之象。

數字 8 對 10 的詞句

辛見癸： 神佛降臨、煙雨濛濛、香嫩多汁、

肺部積水、孟婆迷湯、故佈疑陣、

陰煞糾纏、過目不忘

數字 8 對數字 10 詳解：

8 對 10(0)，8 為辛金、雲霧、陰煞、骨骸、果實、菩薩；10 為陰水、雨露、從天而降的水、雨水，也是陰煞；8 與 10 兩個的共同性都屬陰、陰煞、陰靈、病毒，所以兩者在一起，力量加倍，好壞都是加倍，而且屬陰的氣可論為異路功名，如果能為陰界、神佛代言，將是最好不過了，此能量如同鬼才一樣，聰明絕頂、過目不忘。

8 遇 10，研究五術、命相及靈界之探索，是最適當的組合，但如不是此目地，而又遇到 8 對 10 的數字組合，最好買個鮮花、素果，祭拜天地鬼神，才能減少阻力。

8 遇 10 為食神、表現，能在神學、五術上發展的不錯，以 10 對到 8 為印星，此來自於上天給您的加持，8 因 10 而有所發揮，8 的付出能讓 10 得到成就，透過積極、主動，將是更完美的演出。

壬水 (揭開海洋世界的奧秘)

壬水排序為 9、為陽,是海洋中、動靜皆宜的河水,壬水之人較海派,也喜歡熱鬧。這是一個快轉的年代,做每件事情,都要符合經濟效應,壬水之人的機巧、靈敏、動作敏捷、快速,是這個時代的產物,他勇於表現自己,推銷自己,善於掌握時機點,讓自己加分、得利。相對的在這樣物質不缺的年代,有可能上台下台,只是一瞬間,變化太快了,沒有足夠的根基,很容易淘汰下來,被時代的大洪流所淹沒,如同土石流一樣,瞬間化為烏有,將是前功盡棄。

壬水會沖刷己土,沖掉上面一層薄薄的土,像沙灘上的浪潮,一滾滾的打上岸邊,卻紛紛又退回去,又打上來,己土依然存在,此時的己土是得到一筆又一筆的金錢收入,但如己土不自我學習成長,是很難留得住財星的。

壬水善於侵伐,動作敏捷,進退之間掌握得很恰當,但卻怕低陷之地,一去將無法再回來了,此時叫天天不靈,教地地不應。

數字 9 對 1 的詞句

壬見甲： 滲透侵伐、九死一生、鯨魚白鯊、
龍舟比賽、玄天上帝、越幫越忙、
同流合污、藥石為患、傷及無辜

數字 9 對數字 1 詳解：

9 對 1，9 為壬水、為河流、溪水、海洋、湖泊，總言之，為面積大的水；1 為甲木、為樹木、果樹、指標性人物，即使 1 為大樹木，又遇到這麼廣大的水流，被其所困，當然會造成 1 甲木的傷害，由其根部腐敗，整株死亡更為可怕。

9 遇 1，但問題是我為 9 水，對方為 1 甲木，是我造成對方的傷害，對方因我身敗名裂，對方因我身陷洪水患之中；為了避免造成別人的損傷，宜放棄執著，改變方式，會有更好的結果，避免誤傷了別人，而造成自己的損失。

9 遇 1 的組合為食神、表現、才華，代表我的表現很容易傷及無辜，宜小心防範，必且可透過 4 丁火、祖先、神佛的力量，來化解這 9 壬水所造成的虧損。

數字 9 對 2 的詞句

壬見乙： 街頭賣藝、懷才不遇、海苔壽司、
潛水夫症、豬肝麵線、游泳比賽、
灌溉水稻、四處流浪、四海為家

數字 9 對數字 2 詳解：

9 對 2，9 為壬水、為河流、溪水、海洋、湖泊，總言之，為面積大的水；2 為乙木，為陰柔之木，為小花草、藤蔓、也為水稻。

如果以 1 甲木與 2 乙木兩者同屬遇到 9 的壬水 1 甲木比 2 乙木更怕遇到 9 壬水，因為有很多的 2 乙木植物是喜歡 9 壬水的，所以 1 不喜歡 9，而 2 水耕植物、水中植物卻喜歡 9 的激情以對；而當 1 甲木不怕 9 壬水時，幾乎已經是枯死的木，乃死木才會作成船、木筏，才能在 9 壬水上自由自在的浮動、旅行。

以 9 對 2 來說，是 9 帶給 2 壓力，而讓乙木隨波逐流、四海為家，但也造就 2 乙木另一階段的成長（水耕植物），此時的 9 應以柔性和氣之態度與 2 乙木相處互動，才不會造成 2 乙木的損傷，那到時候要挽回，都為時已晚了。

　　9與2的組合，象如同街頭賣藝求生，9以2為表現、表演、展現，水為流動之水，2乙木能順應9壬水，四處為家。

　　9對2的食傷表現、生助，不可操之過急，2對應9的知識、學習成長，也要用累積進階的方式學習，一步一腳印，以免超之過急而前功盡棄。

例:我身體狀況如何？

答:身體狀況有點難以控制。

　　2乙木隨著9壬水的流動而成長，代表難以控制，也因9壬水的灌溉而結成果實、稻穗，宜趕快到醫院診治，透過S光的檢查，方能找到病因，不可拖拖拉拉，以免病情加重。

數字 9 對 3 的詞句

壬見丙： 名利雙收、浮光掠影、放射儀器、

蘋果日報、池府千歲、水中照鏡、

妖怪現形、曝光見報、找到答案

數字 9 對數字 3 詳解：

9 對 3，9 為壬水、為河流、溪水、海洋、湖泊，總言之，為面積大的水，3 為太陽丙火、光源、名望之氣、知名人物、政治人物。

3 透過 9 的壬水，突顯出名望、地位、財氣，9 壬水也因為有丙火 3 的太陽而晶瑩剔透，光耀無比，93、39 互謀其利，共同創造成就，我捧人，人捧我，双双得利，誰也無法缺少誰，共同登上衛冕寶座。 9 遇 3 的組合，9 以 3 為財星，是賺公家機關的財，3 丙火也可以代表大財，知名人物，政治人物。 3 以 9 為官、為事業、為職位，透過 9 湖泊的反射，形成庚、辛(7、8)的財星，而得財，代表 3 透過自己的權勢而得到金錢、財利，錢滾錢、利滾利，丙壬交輝、日照江河、壬映丙光輝，句句突顯 93、39 的名望組合，只要珍惜自己的羽毛，將有數不盡的財利進入您的存褶。

數字 9 對 4 的詞句

壬見丁： 情慾宣洩、投機得財、鏡花水月、

話不投機、祖靈投胎、懷胎受孕、

一技在身、名利雙收、沉溺不振、

嫁妝一車

數字 9 對數字 4 詳解：

9 對 4，9 為壬水、為河流、溪水、海洋、湖泊，為面積大的水；4 為太陽所留下的溫度、能量、磁場；9 與 4 為陰陽夫妻之合，但 9 對 4 有不滿足的象，而 4 對 9 較知進退，因 9 以 4 為財星、金錢、感情，而 94 之合又可再造就甲、乙木(1、2)的形成，甲、乙木(1、2)為 9 的食傷，也為慾望、表現、能力，因合到財又化為慾望之氣，因好表現而得財，也因得財而好表現，所以 9、4 有不滿足，蛇吞象之情性。

而 4、9 雖合，4 以 9 為官(十神的對應關係，請查閱 179 頁)，合到正官、責任，又 4、9 之所化的氣為 1、2(甲、乙木)；1、2(甲、乙木)為 4 的印星，所以化為官、印相生之合，懂得珍惜自己的羽毛，知進退、守分寸。

但9以4為財，財來合我，讓我得意洋洋，求財順遂，但要注意的是，不可得意忘行，宜低調行事，得到會更多，以免9合財化成慾望、情慾的宣洩，而因為情慾所傷。

例：我老公對我的感覺如何？

答：妳老公是位很顧家的人，而且在事業上有亮眼

　　的成績，也是為優秀的主管，很有責任感，以事業為重，凡事也會以您為主，反而是妳每天想纏著老公，想要過著浪漫的生活，在意情慾的宣洩，也在意老公給妳的感覺。

　　老公在意的是麵包，而妳在意的是愛情，所以要體諒老公的辛苦，多注意他在事業上成就的表現。

數字 9 對 5 的詞句

壬見戊： 限制行動、填海造鎮、東海南山、
七股鹽山、仁智雙全、攻上提岸、
潰堤之患、力爭上游、充份授權、
無動於衷、半斤八兩

數字 9 對數字 5 詳解：

9 對 5，9 為壬水、為河流、溪水、海洋、湖泊，為面積大的水、善於侵伐、動作敏捷，進退之間掌握得很恰當；5 為戊土、高山之土、高理想、想法奇特、固執、不知變通，不善變通人際關係。5 戊土的根基較穩固，9 者變化不太快了，也較勇於推銷自己。

9 以 5 為官星、為事業、工作、壓力、阻礙，以女命來說，為男友、也為受限。9 的觀念想法開放、無居無束、自由自在，9 遇到 5 的高山，被限制其行動、自由，讓 9 無法接受，對 9 而言只有一直抱怨、發牢騷，對 5 而言，遇到 9，對 9 的無理取鬧、發牢騷，也只能悶在內心當中，無動於衷，如不動明王，兩者之間，誰也不了解誰，半斤八兩，龜笑鱉無尾。

所以9遇到5，是一種受限，9的水被5所阻，雖然5為9的事業，但面對這不熟悉的工作、事業體，即無法進入核心，也不了解其工作的價值在那裡，如此只能透過9用心(4丁火)的去了解面對，5也要透過學習(4丁火)、接納，才能共依共存，共同創造財富。

例:我要換工作，換到高雄市○○○公司後的事業運如何?
答:你是位有執行力、有企圖心的人，想要為公司創造財富，但公司對你的能力有質疑，當然也不了解你的能力，會對於你的建議不採納、不認同，讓你有懷才不遇、有志難伸的感覺，建議還是先不要變動，等你找到伯樂再說吧！

數字 9 對 6 的詞句

壬見己:暢行無限、沙雕比賽、海沙房屋、
暗自竊喜、海上孤島、水鄉澤國、
隨心所欲、搶攤成功、游上提岸

數字 9 對數字 6 詳解：

9對6，9為壬水、為河流、溪水、海洋、湖泊，總言之，為面積大的水，9積極主動，鎖定目標，勇往直前，行動一致。6為己土、平地、平原、良田、土地、可塑之土，容易因為環境而改變，能適應任何的環境，包容任何不同的聲音。

9遇到6，9能暢行無限、自由自在，作想作的事情，9以6為正官、工作、事業，女命的老公、男友，6以9為財星、金錢、感情，為男命的老婆、女友，9面對6的事業、表現，是得心應手的，也了解工作的價值在那裡，常常以工作為家;6對應9為財星、金錢、感情、女友，而對這主動而來的感情、金錢，如同天上掉下來的禮物，多多益善，無法拒絕，也不願拒絕，內心暗自竊喜的接受。

9遇到6的組合，9可暢行無阻，發揮長才，得到6的認同，雖然可成功，但也不可大意失荊州。

數字 9 對 7 的詞句

壬見庚： 風浪巨大、微服出巡、跨海尋母、
天涯海角、雙氧藥水、勇往直前、
信心大增、不知節制

數字 9 對數字 7 詳解：

9 對 7，9 為壬水、為河流、溪水、海洋、湖泊，為面積大的水；7 為庚金、強風、氣流、將軍，也如同老虎；9 遇 7 得到 7 的認同更有作為，但也因 7 的幫忙，而信心大增，失去防範之心，也由於 7 的生助，而使 9 的水成為水鄉澤國，苦了週遭的人、事、地、物，也因 7 的催動鼓勵，而讓 9 不知節制，形成大風大浪、勇往直前。

9 遇 7 的組合，9 以 7 為印星、學習、保護，9 遇到 7 學習到如何往前衝，不知如何守護自己，也因此得了江山而去金錢，也容易引起官非、官符。以 7 對應 9，9 為 7 的食神、舞台、表現，7 也只知如何展現魅力、尋找自己可表演的舞台，得罪了人而不知，也因為 7 的關係，而讓 9 身陷於牢獄之災，不得不防範。宜學習以守為攻，不要因眼前的得利，而失去了自我保護。

數字 9 對 8 的詞句

壬見辛：水稻收成、彈珠汽水、水晶消磁、
白河菱角、盂蘭盆會、蓮藕豐收、
河邊陰靈、骨骸浸水、晶瑩惕透、
顯現其能

數字 9 對數字 8 詳解：

9 對 8，9 為壬水、為河流、溪水、海洋、湖泊、灌溉用水，總言之，為面積大的水；8 為辛金、果實、珠寶金、貴重金屬、珠光寶氣，也代表骨骸、墳墓、陰靈。

9 以 8 為印星，8 以 9 為傷官、表現、舞台，8 辛金、珠寶遇到 9 壬水之洗滌，原本粉塵覆蓋，透過 9 溪水淘洗，變成晶瑩剔透，原本懷才不遇，現在遇伯樂，得以重用，發揮專才，顯現其能。

8 遇 9，以土地的角度來說，該土地是種植水耕植物的、水稻、菱角、蓮藕，得到豐收，因 9 為壬水，灌溉用水、流動的水源，8 為辛金、結成的稻穗、果實。

9 遇 8 為印星，此印星讓 9 迷失了方向，看不到眼前的險難，印星也為學習，此學習是錯誤的模

式，無法找到屬於自己的方向、目標，只能透過以前行走過的模式、路徑，小心翼翼的往前邁進，透過接力、手牽手的方式、舊的方法，包含廠房、員工、機械，一切以守舊為主，變了可能前功盡棄，要重新開始，因為辛金是雲霧，雲霧會遮住9的目標方向，所以改變路徑就是挫折的開始，不可貪圖8給予9的幫忙、小利，而失去一切。

　　如果以耕耘、守舊，只要9懂得付出，用灌溉用水的方式，即能讓8結成稻穗、果實，得到您追求的目標。

例：我目前的事業想要轉型，不知轉型後運勢如何？
答：宜守舊，不要變動，變動之後，一切將重新開始。

　　乃9一直在付出行動，讓8即將結成稻穗、果實。目前雖然還沒有明顯的大豐收，但已經有在成長，只要9的您不要鬆懈，保持現在的積極度，那被粉塵蓋住的8辛金，會被9沖刷的晶瑩剔透的。

數字 9 對 9 的詞句

壬見壬： 擴展人脈、自尋煩惱、黑潮烏魚、
飛瀑怒潮、深夜記憶、深不可測、
同流合污、招兵買馬、志同道合、
高手對決

數字 9 對數字 9 詳解：

9 對 9，9 為壬水、為河流、溪水、海洋、湖泊、灌溉用水，總言之，為面積大的水，9 遇 9，水加水產生了水患，造成河川瀑漲、財物損失，苦了週遭的人事、地、物，不得不防範。

9 遇 9 如同洩洪，不當洩洪易造成金錢、財物流失，勞民傷財。

9 遇 9 的組合，可遇志同道合的朋友，可招兵買馬、擴展人脈，徵員是好的，因 9 與 9 同屬性，與你的理念、想法很類似，英雄惜英雄，因為 9 遇 9 為比肩，比肩就是代表兄弟、朋友、客戶，是最好的徵員時機。

9 遇 9 的組合結構，事情沒有進展、沒有進步，也代表宜保持現況，不宜變動，只要一變動，將產生患濫成災，造成財物的虧損。

數字 9 對 10 的詞句

壬見癸：耗盡金錢、多多益善、盜版事業、
多說無益、濾水器具、久別重逢、
吃喝玩樂、住宿過夜、流汗不止、
深入研究

數字 9 對數字 10 詳解：

9 對 10(0)， 9 為壬水、為河流、海洋、溪水、湖泊，為面積大的水，其性主動積極；10 為癸水，為陰水、雨露、從天而降的水、雨水，也是陰煞、病毒。

9 流動的水到 10 為靜止不動，代表到達目地，完成目標，此變動後能得到安逸，但錢財、金錢、薪水反而減少，水旺就沒有火，水以火為財，9 與 10 都同屬水，一陰一陽之水，讓火的財(3、4 火)無法適應這忽冷忽熱的水能源，所以心境能改變，環境能改變，但對錢財、經濟無加分，只有一直在衰退當中，所以要特別留意錢財的虧損。

9 遇 9 的組合結構是可透過志同道合的朋友，共同創造財利(3、4)，但 9 遇到 10 的組合，易遇到酒肉朋友、吃喝玩樂，耗盡金錢、時間，也容易造

成腎臟、心血管的問題。

9 與 10 的組合，最適合研究、研發之事項，因具有一陽(9)與一陰(0)的情性，一陰一陽才能有正反面的思緒，站在不同的角度來思慮，思維更細，所以研究之選項，是最好不過了。

例：我與朋友合夥作事業可行嗎？
答：不可以的。

因為你本身為 9，行動主動積極、正向，而你的朋友 10，較為被動，光說不練，只說不做，在合作上兩人的思維差距就很大，而且合夥作事業，本來就是想獲得財利，但 9 與 10 的組合是無法看到財利的，而是吃喝玩樂，浪費時間金錢。

建議還是保持兩人友誼的關係，不要因為此合作，而失去多年的情誼。

數字 10 癸水 (人生的深度與寬度儘在癸水裡)

癸水排序為 10、0、為陰,為滋養萬物萬事的雨露之水;癸水之人逆向思考,反向操作,學習學術,懂得天地之間、宇宙萬物陰陽交媾,合和為一之事,像隱藏在黑夜裡窺探的眼睛,了解冥冥之中,有一股力量在主宰著,所以對人、事、物,都要存著一股善心,如此這般對待,時間一過,連天、地、鬼、神,都要禮敬你,相反的如操控他人,賣弄學術,只想到個人利益的人,其結果、下場很淒涼。

癸水也可以代表病毒、病菌源頭,在明年癸巳年來臨時,將掀起一股比癸未年SARS更嚴重的細菌大作戰,所有的人,宜小心鍛練身體,將可逃過此病毒的侵害。

癸水之人,心思較敏感細膩,宜用太陽光調理,若遇丁火時,將有一連串黑暗、崎嶇在交戰著,吉凶有時在一瞬間,成也癸水育木(春夏),敗也癸水毀木(秋冬),若知道天地之間的道理,就是保持正確的心念,一直走下去,才能免於天之責罰。

以上 10 個數字之註解,由太乙文化事業許碧月筆錄提供

數字 10 對 1 的詞句

癸見甲： 普施甘露、重症看護、結伴壯膽、

日月神教、靈異體質、醉後添杯、

教導有方、天降甘霖、儲存記憶、

苦口婆心、專業知識

數字 10 對數字 1 詳解：

10 對 1，10 為癸水、陰煞之水、雨露之水、智慧、能儲存記憶，凡事喜歡速成，講求機會、很會思考、喜歡作夢、記性相當好，有過目不忘的特性。1 為甲木、為高大的樹木、果樹、指標性人物、主管、經營者。

10 對到 1 甲木，是 10 癸水來生 1 甲木，10 付出造就 1 的成長，付出得到認同、突顯被利用的價值，製造很多機會，也得到育木之功，讓 1 成長茁壯，受到對方的喜愛及重視。

10 對 1 的組合，是 10 製造被需要，被高階層重視的價值。10 為 1 的印星、知識、智慧；癸水 10 來生 1 甲木，10 的印星、苦口婆心、專業知識、才華能力讓 1 甲得到進步、成長，而賺取財物、擁有房產、穩定公司的成長；10 癸水因為有 1 甲木，而

能付出發揮能力、才華表現無遺,製造身價、突顯其價值,是一組不錯的組合,是 10 付出、付予,而 10 得到成就感,擴展舞台,作為活廣告、展現魄力,1 卻得到福蔭生助、兩者互謀其利,創造價值。

例:我介紹公司的保單給客人,此保單產品客人會接受、會成功嗎?

答:不會成功。

　　乃 10 生 1,客人因為您的介紹,讓他得到保險的一些專業知識,但是 10 是付出,付出之後就被 1 吸收,水生木,無法再返回,所以起先是答應的,後來退掉放棄了。

　　如果問題是:此產品對客人有幫助嗎?

那答案是有的,因為 10 癸水生助 1 甲木,1 得到 10 的生助,有幫助。

數字 10 對 2 的詞句

癸見乙： 瓊漿玉液、雪中送炭、斗米折腰、

色情電話、官司纏身、繁衍生殖

數字 10 對數字 2 詳解：

10 對 2，10 為癸水、陰煞之水、雨露之水、智慧、能蓄存記憶，凡事喜歡由天降下福蔭，講求機會、很會思考、喜歡作夢、記性相當好，有過目不忘的特性。2 為乙木、小花草、藤蔓，變通性極佳，柔軟度好，很會運用人際關係，懂得借力使力，生命力很強，能適應任何的環境。

10 對 2 的付出、生助、造就了 2 的成長，突顯本身的價值，製造機會給予 2 乙木，讓 2 乙木成才。

10 對 2，2 因得到 10 的智慧、付出、施予、生助，而成長、繁衍、擴展組織；10 因 2 得以發揮長能，擴展舞台，展現一技之長，兩者互得其利。

於人事的對待當然是可喜可賀的；但由於 2 是小花草，其耐寒性不佳，無法過冬的性質，使 10 每次的表現不穩定，不是每次都能完美演出，所以當機會來臨時，宜好好把握，秋冬之時宜守成，免的到時候一切還要重新開始，那可得不償失。

數字 10 對 3 的詞句

癸見丙： 重見光明、口燦蓮花、黑面三媽、

　　　　　包公青天、神智不清、忽晴忽雨

數字 10 對數字 3 詳解：

　　10 對 3， 10 為癸水、雨露之水、陰煞之水、智慧、能儲存記憶，凡事講求速度、效率，講求機會、很會思考、記性相當好，有過目不忘的特性。

　　3 為太陽丙火、為知名人物、政治人物、名望之貴，3 太陽最怕的是陰雨的氣候（10 癸水），3 以 10(0) 為正官、為事業、為女命老公、男友，因為 10 的雨露，造成了 3 丙火的壓力，忽晴忽雨，時好時壞，這種事業的經營，倍感壓力重重，女命 3 所得到的感情、婚姻，也是時好時壞，所以 3 面對婚姻生活是一個重大的考驗，考驗妳經營婚姻的智慧。

　　10 遇 3 的組合，10 帶給 3 不穩定的狀態，因我 10 的關係而造成諸多的不協調。10 以 3 為財星，這種水火交戰的財，是一種破壞性，因火遇水則滅，太陽遇到陰雨之天氣，是看不到太陽的存在。此組的組合，要求財，則要以一技之長、要將能力、才華轉為財，身邊最好不要放太多現金，免得無法節制。

數字 10 對 4 的詞句

癸見丁： 是非不斷、欺祖退神、黑心產品、
口是心非、毒氣攻心、香火斷層、
玉石俱焚、繃緊神經、資源流失

數字 10 對數字 4 詳解：

10 對 4，10 為癸水、陰煞之水、雨露之水、能儲存記憶，凡事喜歡由天而降，很會思考、喜歡作夢、記性相當好，有過目不忘的特性；4 為太陽所留下的溫度、能量、磁場。

10 遇 4，此組的組合是 100 組當中最差的第二名，第一名是 4 遇 10；4 遇 10（十神的對應關係，請查閱 179 頁）是七殺 10 來沖破我 4，我 4 承受了極大的委屈與痛苦，而此第二名是我主體 10 癸水，去破壞 4 的丁火能量、祖蔭、香火，因我而引起，主因在於我，而不是別人，也代表我不喜歡、我不認同、我不接受 4 丁火所帶來的一切人、事、物；也可以說我讓週遭的人都繃緊了神經。

10 遇 4，10 以 4 為財星，我不珍惜資源、金錢、財，而至使金錢一直流失；此組的組合，以不成功、無法達成論之；同時也建議注意家中的神主牌位安

置的問題，可能自己不小心而有錯誤的放置或常用濕抹布擦拭祖先牌位、香爐，宜審視之。

　　記得不要讓您身邊的人，覺得壓力那麼大，而難以招架，宜用甜言蜜語，才能化解 10 對 4 產生的傷害，也可用 1 甲木來轉化 10 對 4 的沖剋。

例：我想到大陸投資，另開闢事業版圖，不知運勢如何？

答：不可以，宜謹慎評估，以免前功盡棄。

　　此乃因我為 10，4 為到大陸投資開闢新的事業版圖，4 也為 10 的財星，我會將 4 滅掉，就是說此投資事業會因我錯誤的評估，將造成財物的虧損，而且大陸在我們台灣的西方，西方屬金，加速金生水剋 4 火的財，此金錢一投入，將一切化為烏有。

數字 10 對 5 的詞句

癸見戊： 出師下山、武功學成、飲水思源、
餵食母乳、藥到病除、送子觀音、
落跑新娘、越獄脫逃

數字 10 對數字 5 詳解：

10 對 5， 10 為癸水、陰煞之水、雨露之水、能蓄存記憶，凡事喜歡講求效率，講求機會、很會思考、記性相當好，有過目不忘的特性。

5 為戊土、高山之土、高理想、想法奇特、固執、不知變通。10 以 5 為正官星、事業、責任，也為女命的老公、男友，10 遇 5 高山，雨水從高山快速流下，代表害怕這份工作，不想被工作、事業來約束我，我經營事業輕鬆自在，而且不會被綁死，當然事業的經營也沒什麼壓力及責任。

10 以 5 為正官、為女命的老公、婚姻生活，女命就是不想被婚姻來約束，想自由自在，所以答案是什麼，當然與您的主題是有重大的關連性。

10 與 5 是一組陰陽之合，又稱夫妻之合，以 10 對 5 為合官；以 5 對 10 為合財，5 對 10 的合財，代表我 5 無法掌控對方 10，代表我 5 給 10 很大的空

間，5 讓 10 自由自在，不約束他，當然也是無法控制住他。

以 10 的角度對應 5 來說，這份事業、工作、人事安排是我可信任的，可圓滿達成的，而且是自由自在的。

10 對 5，也如同上山學習功夫、想圓夢，如今 10 為癸水、雨水，從天而降，被山土吸收，代表在學習，如今武功學成，出師下山，發揮所學，學以致用。

例：我這位男朋友對我好嗎？是否可成為結婚的對象？

答：男朋友對您相當的好，而且也給您很大的空間，

自由自在、來去自如，很疼你，只是你讓男朋友很難搞定，常常鬧脾氣、常常離家出走；如果要論及婚嫁，只要你改變觀念、思維，不要常意氣用事，當然是可以結婚的。

數字 10 對 6 的詞句

癸見己：普施大地、深陷沼澤、通天策地、

　　　　灑水系統、啃老一族、食子鬼母、

　　　　進退兩難、名譽受損、胸無大志、

　　　　無法自拔

數字 10 對數字 6 詳解：

　　10 對 6， 10 為癸水、雨露之水、智慧、能儲存記憶，喜歡天掉下來的禮物，講求機會、很會思考、喜歡作夢、記性相當好，有過目不忘的特性。

　　6 為己土、平地、平原、良田、土地、可塑之土，其個性平易近人，遇到從天而降的雨露之水，反而變成爛泥巴，因 10 的雨水下在田園土之上，水沒流動，土地即成濕陷，只要腳一踏，就深陷於沼澤之中，讓您無法自拔。

　　10 遇 6 己土，是我讓對方受難，因我求好心切，想供應其資源，反使對方受困。而 6 遇 10 則是對方使我受困、受限，兩者主客體不同，其結果當然也不同。

　　6 以 10 為財、為金錢、感情、利益，我為追求利益，而使自己深陷沼澤當中，進退兩難；我 6 因

感情 10 的關係，讓我名譽受損，成為爛泥巴；所以
6 唯有透過事業的經營，要能承擔壓力，才能安心
自在賺取應得的則物，也惟有如此，才能得到好的
感情、甜蜜浪漫。

　　10 以 6 為官（剋我為官）、七殺、工作、事業、
壓力，我經營事業，卻把事業搞垮了，公司老闆因
為我的辦事能力不佳，而讓公司造成損失，讓上司
哭笑不得。

例：我與老公互動，發覺他最近怪怪的，不知是發
　　生了什麼事情，是否可藉由卜卦來了解？
答：你們的互動是因為你近來常天馬行空，喜歡幻
　　想、喜歡感覺、喜歡浪漫，太過於黏密，而讓
老公事業工作造成損失，能力減退，所以建議你要
以麵包為重，要愛情也要麵包，多鼓勵老公去學習
上課，那可改善目前的狀況。

數字 10 對 7 的詞句

癸見庚： 衣錦返鄉、軍紀渙散、輻射鋼筋、

歡唱聖歌、蜀中無將、天助之力

數字 10 對數字 7 詳解：

10 對 7， 10 為癸水、為雨露之水，為由天而降的雨水，也為由天而來的機會；7 為庚金、為強風、為有執行力、有魄力的將軍。

以 10 來說：7 的強風，帶來足夠的水氣，使天降下了雨水，如同將軍作戰成功，讓 10 得到戰利品，7 者功成身退；因 7 的風遇到了雨水，風力即減退，目地完成，天降甘霖，讓 10 衣錦返鄉。

7 遇到 10，圓滿達成任務；7 以 10 為結果，為食傷、表現、舞台，7 因 10 完成目標、功成身退，7 與 10 是自在又完美的表現，因而得到諸多的喝采；10 因為有了 7，而得到實質的權力，這是 7 給 10 最大的保障與承諾。

10 遇 7 的組合，10 因為有了 7 強風，而更增加了 10 癸水的能力、自信及權力，10 以 7 為印星、學習，10 只要透過、讀書、學習、知識、智慧，即可得到更多的成就與智慧。

數字 10 對 8 的詞句

癸見辛： 與鬼同行、黑白無常、夜明寶珠、

十八羅漢、庸人自擾、靈感啟發、

陰界代言、煙雨濛濛、陰煞糾纏

數字 10 對數字 8 詳解：

10(0) 對8， 10為陰水、雨露之水、從天而降的水、雨水，也是陰煞；8為辛金、雲霧、陰煞、骨骸、果實、菩薩。

10與8兩的共同性都屬陰、陰煞、陰靈、病毒，所以兩者在一起，力量加倍，好壞都是加倍，而且屬陰的氣可論為異路功名，如果能為陰界、神佛代言，將是最好不過了，此能量如同鬼才一樣，聰明絕頂，而且有很強的第六感，也常與鬼神同處一個空間、與鬼同行，也因此得到很多的靈感啟發。

10遇8，研究五術、命相及靈界之探索，是最適當的組合，但如不是以此為目地者，而又遇到10對8的數字組合，最好買個鮮花、素果，祭拜天地、鬼神，才能減少阻力，增加助力。

以8來說，8遇10為食神、表現，能在神學、五術發展的不錯，以10對到8為其印星，當然此

印星也來自於上天給您的加持及智慧。

　　10 遇到 8 的組合，10 以 8 為偏印、學術、異路功名，所以 10 只要多學習一些專業知識或神學、五術，將可得到更多的靈感與啓發，在五術界能超越另一層次的空間。

例:我想買房子，選中台南市○○路○○號，不知這房子適合我嗎？

答: 此房子不適合，因為前屋子的祖先，還停留在裏面，執著於此房子的一切人事物，最好不要買，如果真的很喜歡，可叫前屋主將祖先的祖靈帶回家供奉，但一定要這祖靈願意、高興才可以帶走，不可用強制執行的，以免惹來是非、不安。

數字 10 對 9 的詞句

癸見壬： 同流合污、速讀記憶、污染水源、
消毒傷口、久別重逢、吃喝玩樂、
耗盡金錢、狐群狗黨、記憶猶新

數字 10 對數字 9 詳解：

10(0) 對 9， 10 為癸水，為陰水、雨露之水、從天而降的水、雨水，也是陰煞，癸水能儲存記憶，記憶體容量超大；9 為壬水、為河流、溪水、海洋、湖泊，總言之，為面積大的水，記憶體容量比 10 小。

9 流動的水到 10 為靜止不動，代表找到目地，完成目標，此變動後能安逸；而 10 對 9 為由靜變動、由天而降，變為地面流水，10 歸於 9，勞碌、奔波，但財、金錢、薪水反而減少，因水旺就沒有火，水以火為財，9 與 10 都同屬水，一陰一陽之水，讓火的財(3、4 火)無法適應這忽冷忽熱的水能源，所以由靜變動，錢財、經濟無加分，只有一直在衰退，要特別留意。

9 遇 9 是可透過志同道合的朋友，共同創造財利(3、4)，但 10 遇到 9，易遇到酒肉朋友、吃喝玩樂，

耗盡金錢、時間及生命，因為水旺木漂，五行只有木有生命，木受損會有危及生命財產。

10與9的組合同屬水性，最適合研究、研發之事項，因具有一陽(9)與一陰(0)的情性，一陰一陽才能有正反面的思緒，站在不同的角度來思慮，思維更細，所以研究、研發之選項，是最好不過了。

10遇9為劫財，此財被劫是我心甘情願的，宜小心防範金錢的支借，10對9的組合，不可投資，有去無回，石沉大海，也如同拿錢財填海，再多的錢進入，還是不見。

例:這個女孩可成為結婚的對象嗎?

答:不可以。

目前你們倆人都處於不確定、不穩定當中，常被眼前的浪漫所迷惑，在意玩樂的氣氛，彼此還不夠成熟；建議在交往一陣子，倆人都想安定了再提結婚之事。

數字 10 對 10 的詞句

癸見癸： 溪水暴漲、聲淚俱下、湯藥難換、

十殿閻羅、膀胱無力、四面楚歌、

陰氣沉沉、水鄉澤國、氾濫成災

數字 10 對數字 10 詳解：

10 對 10， 10 為癸水、陰煞之水、雨露之水、智慧、能儲存記憶，凡事喜歡速成，講求機會、很會思考、喜歡作夢、記性相當好，有過目不忘的特性。雨水遇到雨水，雨下不停，氾濫成災，成為水鄉澤國，造成金錢、財物損失。

10 遇 10 的組合，最好行事低調，可以學術的研究為主，可研究神祕學、五術，會有很好的靈感及領悟，其他投資不宜。

10 遇 10，感情競爭，遇到實力相當的競爭對手，往高樓層居住，可減少競爭及阻力。

10 對 10，容易有陰煞纏身而身受其擾，宜透過 3 太陽丙火之照射，及多多在上午時段運動，才能改善化解。10 遇 10，人際關係良好的，喜歡談是非八卦及心事、家務事，但對於求財、事業之開創沒有助力。

　　以上 100 組的兩儀(兩個數字)對應,是數字的解碼,可解除事情的疑惑、解除諸多的為什麼?解除前因後果,作為行事的參考依據,也可連結直接進入八字的核心論斷,是占卜 100 組的活字典,是空前獨創一套能用於日常生活中的占卜、卜卦工具書,也是連結八字,不必再取喜用神,最實用、最有價值而且可以連續使用的寶典,不分年齡、事項,反正就是準。

　　以下是美學館上課實錄的 40 組案例,透過不同的問題、現況,作不同的解析,讓您了解如何深入、切入、解卦、解盤。

※太乙兩儀卜卦法祕訣傳授※

　　本書的實戰應用簡單、易學、實用價值高。不用任何基礎,也不用對方任何資料,只要有興趣,而且可用撲克牌作為道具,當面指導兩個小時就可學成,讓您馬上成為占卜大師。學費每人 7600 元(含本教材,另送一本史上最便宜、最精準、最實用彩色精校萬年曆,精裝版)。

欲學者,先電洽楊小姐,安排連絡時間

連絡電話:0982571648　0929208166　06-2158531

撲克牌卦象上課實例解析:

（以下實例是由國立美學館附設長青大學副班長
 何家誼上課實錄提供）

1. 如果介紹 A 男與 B 女認識適合嗎?

卦牌:(1)8　(2)7

解卦:不適合。女(7 庚金)比較主動，是風是將軍，
　　　會將男(8 辛)吹走，女方會覺得男方安靜比較不
　　　會表達，一靜一動，兩者個性差異大。

2、阿姨被欠的債款能要得回來嗎?

卦牌: (1)9　(1)1

解卦:9、1 是水雷屯卦，表示困住故短期不會還，
　　　但對方是有錢的只是不想還。因為提問時是
　　　未時(土)為甲木的財星(我剋)，故最好用庚
　　　金(劈甲木)讓對方還錢，如下午 3-5 時要或
　　　庚申日/甲申時 追討。

（現況:對方偽照文書與女兒假買賣脫產，已被檢官
　起訴中）

3、姊姊離開現在的公司好嗎?

卦牌:(1)8　(2)4

解卦:離開好,4丁火會讓8辛金倍感壓力。

學生問:丁火鍛鍊辛金成有用的金屬有何不好?

師解:　工作當然要輕鬆賺才好,一直被磨練當然很
　　　　辛苦。

4、友人小孩繼續簽志願役好嗎?

卦牌:(1)6　(2)2

解卦:2乙木剋我6己土為官星七殺,他會遇到好的
　　　上司。如是4-10的組合雖有官但是為不好的上
　　　司有壓力會受傷,所以繼續簽志願役是好的。

5、如果選擇當業務好嗎?

卦牌:(1)1　(2)3

解卦:3丙火讓1甲木樹葉生長茂密不長樹幹,會讓1
　　　甲木產生壓力,工作不輕鬆要在辛苦磨練當中
　　　才有財,故不宜。

6、友人小孩今年會考上國高大科？

卦牌： (1)9　(2)8

解卦： 9-8 是好的組合，8 為 9 之印(生我)，壬為動

態的水，代表我能學以致用，能將 8 辛金污垢沖

刷掉使其亮麗，不會讓辛金產生密雲不雨故會考上。

（如 5-8 的組合是不好的印為密雲不雨，考不上）

7、小孩到高雄念書好嗎？

卦牌： (1)9　(2)10

解卦： 9-10 為劫財，且高雄為火地，水剋火為財星，

代表感情。所以到高雄只會談戀愛不讀書若是

求讀書，要有印或官星，但出現的是財星較適

宜賺錢或做生意。

8、選擇某日開刀好嗎？

卦牌： (1)8　(2)2

解卦： 辛金剋乙木，開小刀是好的象?提問時為庚申

時，乙庚合故可以，但今天為癸亥日，表示手

術後有發炎現象。或許醫師因忙，有小細節沒

注意到而造成，宜謹慎小心。

9、同上,若由醫師自行排開刀日好嗎?

卦牌: (1)4 (2)9

解卦:好,4-9丁壬合為木,今癸亥日亥即是壬與9
　　　壬同氣故兩者以由醫師排開刀日為宜。

學生:但病人日柱為土不會木剋土嗎?

老師:有水(9)有火(4)木才能長,木和土是黏密的,
　　　兩者不可互缺,土沒有木稱為空有才華。

10、某建地欲興建時總受阻想了解原因?

卦牌: (1)8 (2)4

解卦:丁長生在酉,辛與丁均為陰同氣,應是陰在做
　　　怪,建議地主準備豐盛祭品祭拜,讓留在原處
　　　的祖靈了解已換地主勿阻擋。

學生:此建地是我父母留下的,其生前備受現在地主
　　　欺負,故發誓不願將此地賣給該人,然此人利
　　　用人頭買下後欲動工,就有怪事發生,至今無
　　　法施工,據鄰人說曾見我母在此地來回走過。

11、想問此男女姻緣為何？

卦牌：(1)2 男　(2)8 女

解卦：8 辛會想剋 2 乙木，表女生強勢男生備感壓力，男生 2 乙木有才華多才多藝。

學生：如反過來為 8-2 組合呢？

老師：可，女生被男生約束是合情合理。

12、同上問，但女生換人？

卦牌：(1)10 男　(2)9 女

解卦：佳。同氣為水表示有共同理念，10 癸水來自 9 壬，水表兩人是前世好姻緣、久別重逢。

13、同上，此男對婚姻的看法？

卦牌：(1)6　(2)4

解卦：最好是該男自己抽牌；6 己土的人不執著、不強求、較隨緣，丁為己之印(房屋也可引申為家)知其人覺得婚姻像個家，給人穩定的感覺。6-4 表該男能力才華不錯，心態上認為女生沒看上，他視對方的損失，他一點也無所謂。

學生:如是 8-10 又是何看法?

老師:1、如是同一人問兩次就不準,但如是有經過一段時間想知其人是否有改變想法則可。

2、辛 8 是雲霧會想要化為雨水,故對婚姻是期待的、想追求,重視婚姻,現受限在雲霧當中,需用火使其積極才能化為水。

14、有三個工作機會哪一個較好?

卦牌: A　(1)7　(2)8

　　　B　(1)4　(2)3

　　　C　(1)3　(2)9

解卦:A—7-8:有 7 庚就沒有 8 辛,7 庚比 8 辛強所以我能掌握這家公司,能製造出被利用價值,能者多勞受到重用。

B—4-3:3 丙可知是一間大公司,4 丁之能量比 3 丙弱,3 丙可能是一間大的公司老闆無法看到我的能力,故無法凸顯我的存在。

C—3-9:丙壬交輝,能發揮我的能力和才華,雙方互利,且會產生 7、8 庚辛金,7、8 庚辛為 3 丙之財星,9 壬為 3 丙之官星,故薪水較好,此

公司最佳。

學生：A和B的名氣優於C，二者都是台大政大的學長，
後者是私立學生多，可突顯自己的能力。

老師：A7、8庚辛同屬金較缺財星、B3丙奪4丁的光輝
較難表現、C有財星，可賺取得勞務費整個格局
較好。

15、姪女婚後不孕原因？

卦牌：(1)6　(2)8

解卦：8辛金雲霧無法保存在6己土，若是戊土就可以，
6-8可看成(己酉柱)—山地剝果實剝落，受孕後
有剝離之象。

16、和友人合夥事業？

卦牌：(1)4　(2)5

解卦：可以合但屬於短期，因4丁火溫度雖可保持在戊
土但時間不長，若是4-6己土就可長久合作，試
想同時在山上和平地哪一個會較冷？因為山上保
持溫度的時間較短所以會較冷。

17、選哪份工作較好?

卦牌: A 在檯面下協助 (1)7 (2)8

　　　　 B 在檯面上指導 (1)5 (2)9

解卦: A—7-8:7 庚金能力勝過 8 辛故能勝任但要注意不可喧賓奪主。

　　　　B—5-9:雖然能相親相處但彼此無法了解對方,而相互防備,9 壬水想滲透 5 戊土,然 5 戊土會阻擋不讓他滲入,若是 6-9 較好,因為剛開始壬水會侵伐 6 己土上層的爛泥巴,看似有摩擦,但久一點則能找到共同的契合點。

　　　　5-9 的關係好像守衛和小偷的互動情形。

18、兒子以後會當中醫師?

卦牌: (1)1 (2)9

解卦: 1 甲木可當雷卦,9 為水,1-9 稱為水雷屯卦表屯住之象,因提問時之時間為丁未時有 4 丁來助,且 1 可引申為紫微星、第一名、老闆之意,故 4 年後就會成為中醫師了。

19、此生老婆會永遠陪伴著我？

卦牌：(1)4　(2)2

解卦：乙木亦喜丁火照射，是相依為命之局。好比盤
　　　內點一盞蠟燭，乙木是蕊心，丁為燭火。蕊心
　　　燒完丁火也滅，兩人壽命差不多只是一前一後
　　　而已。

20、中醫能行醫超過20年？

卦牌：(1)5　(2)3

解卦：太陽都是繞著高山運轉，只要體力可以就行，因
　　　為太陽會讓戊土越來越硬，也會使5戊土上長
　　　木，木為5的事業。因3是太陽有日出日落故會
　　　有大小月的變化。

21、上訴時要更換委任律師嗎？

卦牌：(1)8　(2)7

解卦：當然要更換。7庚金為變革，改變之意，會將辛
　　　金雲霧去除，故要更換律師。

22、上訴結果為何?

卦牌: (1)1　(2)1

解卦:同為1甲木,表示與原結果相同,沒有進展。

23、與友人合作事業能否順利發展?

卦牌: (1)6　(2)4

解卦:我為己土會認為機會很高,但丁火的高溫只會讓
　　　土更硬,使水財星受損,為財損故不好。

24、先生事業能否順利發展?

卦牌: (1)10　(2)7

解卦:庚金強風會引發癸水,讓水更多(財)所以能順利
　　　發展,而且7庚為10癸之印星。

25、現住處是福地嗎?

卦牌: (1)10　(2)8

解卦:為神鬼之地,要積德佈施,神鬼會助你,若不做
　　　好,神鬼也會罰你。不論10-8或　8-10的組合
　　　都是一樣的解釋。

26、我能學好八字學嗎？

卦牌： (1)9 (2)2

解卦：表面看好像壬大水會沖走乙木，然壬水是流動的
水好比壁泉能長出乙木，他能夾縫求生存，遇到
困難時不若1甲木就應聲而倒，他在看事情學習
的方法較不同於一般人，加以提問之時為未時(含
乙木)故會成功。

27、事業與家庭能兼顧嗎？

卦牌： (1)9 (2)3

解卦：3丙火(太陽)照在壬水(大海)之上是不會有水剋
火的現象，否則地球就毀滅了。水剋火只會發生
在丙丁對10癸水時。太陽照海水時還會產生水
氣(辛金)與氣流(庚金)故能兼顧之。

28、我能幫助先生渡過這次的難關嗎？

卦牌： (1)5 (2)2

解卦：我為2乙木不喜生長在先生5戊土故使不上力，
是無法幫忙的，乃2的木剋5戊土剋不動。

29、兒子今年出國好嗎?

卦牌：(1)8　　(2)4

解卦：8 為辛金 4 為丁火，丁會讓辛不見，對辛而言很
　　　　有壓力所以不建議出國。

30、投資房地產會獲利嗎?

卦牌：(1)6　　(2)7

解卦：6 為己土是讓 7 庚金風行天下，但水才是己土的
　　　　財星，故不會有好的獲利，可能只是賺勞務費，
　　　　應等到春夏讓庚金有衝力動能時，或於冬季之時
　　　　節才會有斬獲。

31、先生的工作應選 A(現在)或 B(先前)?

卦牌：(1)5　　(A)9　　(B)7

解卦：要選 A 現在的工作。乃 5 為高山。9 為壬水，壬
　　　　水為 5 高山之財星；5 遇 7 易產生密雲不雨之狀
　　　　態，故選現在這份工作為佳。

32、我有助先生發展事業嗎?

卦牌:(1)5　(2)10

解卦:5戊土高山不需要水(10癸水),要主動幫忙才有效益。

問題:5-10合化為火會產生溫度能量,為何不解讀為有幫忙?

解答:5戊高山遇10癸水會很快速往山下流出,5戊存不住10癸水,而可以與壬共存。

33、先生應在(A)東區或(B)安南區發展事業?

卦牌:(1)3　(2)3　(3)7

解卦:在東區為比肩競爭激烈,一山不容二虎。在安南區3丙火驅動7庚金,太陽越大7庚金越多、財賺的越多,故在安南區發展為佳。

34、問房子?

卦牌:(1)2　(2)3

解卦:很好,2乙木在3丙太陽的照射下可快速成長獲得穩定。

學生：乙木生命不長，易開易謝，故是否可推論住不久
　　　還會再搬家？

老師：主題是這間好不好？答案是好的，可以住到開花結
　　　果；若主題會住多久？是 3 年或 23 年或賺到錢就
　　　想換大間的。

35、同上，三周前占卜為 6-8 現為 2-3 應如何解？

解卦：同一個卦重複問會亂卦，既是同一間房屋就一併
　　　連結看，原局 6-8 是己土和雲霧的關係，辛金要
　　　棲息在己土較難，己土要生辛金也慢，現則是 2
　　　乙木種在 6 己土經 3 太陽的照射已結出 8 辛果實，
　　　在此 8 有乙木當果實的來源，故不解為雲霧，若是
　　　有 2 間房屋則 6-8 不佳，現既是同一間與 2-3 對照
　　　看，將兩卦作連結是好的象。

36、問房子何者好？

卦牌：A (1)6　(2)6

　　　 B (1)9　(1)1

解卦：A—6-6：都是己土表示是一片廣大平原利於萬物
　　　生長，不論比肩劫財。

B—9-1：寅亥合困住，水雷屯的卦並不好。

學生：2-3和6-6要選哪間？

老師：2-3，因這間有速成之效而6-6還要播種耕耘較慢。

37、要選擇A與他人合夥或B被派駐大陸分公司當主管為宜？

卦牌： A　(1)4　(2)8

　　　 B　(1)3　(2)9

解卦： A—4-8：丁可掌握8辛，代表我可掌握權力，

　　　　　　　 且4丁長生在酉，兩者同氣，故可合作。

　　　　 B—3-9：丙壬交輝，可突顯才華能力又有財利，

　　　　　　　 故建議被派駐大陸分公司當主管為宜。

學生：師建議選何者？A要到印度，B到大陸

老師：選B，因大陸為正在開發的國家，比較能受到重
　　　視，且與我們人文地理宗教相同會較好，再者以
　　　我們去大陸是向西行，丙壬交輝會產生庚辛金，
　　　屬於西方，均是同氣。

學生：如果依4-8看成火澤睽有不和、溝通不良、誤解
　　　之象故不宜合夥對嗎？

老師：睽者背也，也可解釋澤火革，必須透過改革，故

建議到大陸為佳。

38.房子何時才能租出去？

卦牌：(1)9　(2)10

解卦：何時的應期以 10 為主，可論 10 個月或癸月或十

個星期、十天。

39、賣掉農地好嗎？

卦牌：(1)10 (2)5

解卦：5、0 合、戊癸合，現舉棋不定，雖然想賣，但

又覺得還不錯(因為合)。

學生：如果是 5—10 其解讀為何？

老師：5 戊土留不住 10 癸水故會出賣。

40、先生何時會回台南工作？

卦牌：(1)5　(2)1

解卦：師：短期不會回來因甲木在戊土生長得很好，對

方也不想放他走，如問何時則最快 1 年最慢 5

年。

找人算命、問名字好壞的後果

　　人因為期待、恐慌、無助、沒有安全感、無法抉擇、不確定性而去算命，找算命老師，但這一去您可能會因命理老師的一句話：「小孩有血光之災或家人有車劫、車關或你老公、老婆有外遇，或卡到陰、嬰靈纏身、犯小人。」那您即將錢財大失血、大失荷包，因為這些都是算命的口頭譯，如果您去找姓名學老師，他一定會說這個名字不好、大凶、事業不順、晚年無財、子女運勢不佳，那怎麼辦呢？老師一定會說：名字改一改就好了。

　　各位朋友您想想看，如果你的運勢還沒到或是沒那個命，改就有效的話，那改名的老師本身應該很富裕，妻財子祿樣樣俱全，本身很有自信，絕對不怕競爭對手，因為本身名字改一改就好了，競爭對手就不見了，就名利雙收、大富大貴了，早就到總統府入閣當官或當國師了，還在這邊你爭我奪，講別人的不是，突顯自己，本身也不用這麼勞碌，不用透過教學來恐嚇改名，不用南北奔波工作勞勞碌碌，自己改一個名就好了，或自己選一塊好地理，就好了？您說運沒到改名會有效嗎？那運到了

需要改名嗎?

命理學、姓名學是統計學、心理學,也是一門人生哲學,有鼓勵人心之作用,而斷驗人生之吉凶事項,則是讓對方得到對命理學者老師的一個肯定,用以讓對方對老師的肯定,而鼓勵對方、激勵對方,讓對方得到希望、信心,能為未來而活,這無非是公德一件,千萬不要落井下石。

本書能針對期待、恐慌、無助、沒有安全感、無法抉擇、不確定性,作最有效、最直接的答覆,而且隱密,也能讓您成為工具書,為人解開問題。也能讓研究或入門學習八字命理學最好的進階或入門跳板,必備研讀書籍。

人生不如意十之八九,解命者,只要十個客人來,每個人都說不好,那十個一定對準了八個,但客人來,每個客人要讓他心安、有信心、有希望,讓客人快快樂樂、安安心心回家,而且最重要的是,又要讓客人不花冤枉錢改運、改名,那可要命理老師展現您的功力及德性了。

編著 **太乙** 謹識 壬辰年農曆九月十二日

附 錄

十神法

十神法 ： 簡稱六神

以第一張牌作為基礎,與其他各個數字(天干及地支)比較後的生剋關係:

～記憶口訣～

同我 為 比肩、劫財(同陰陽為比肩、不同陰陽為劫財)

我生 為 食神、傷官(同陰陽為食神、不同陰陽為傷官)

我剋 為 正財、偏財(同陰陽為偏財、不同陰陽為正財)

剋我 為 正官、七殺(同陰陽為七殺、不同陰陽為正官)

生我 為 正印、偏印(同陰陽為偏印、不同陰陽為正印)

◆十神參照表：

主體 對應			陽 1甲 木	陰 2乙 木	陽 3丙 火	陰 4丁 火	陽 5戊 土	陰 6己 土	陽 7庚 金	陰 8辛 金	壬 9壬 水	陰 0癸 水
朋友	比肩	客戶	1甲	2乙	3丙	4丁	5戊	6己	7庚	8辛	9壬	0癸
朋友	劫財	客戶	2乙	1甲	4丁	3丙	6己	5戊	8辛	7庚	0癸	9壬
能力	食神	部屬	3丙	4丁	5戊	6己	7庚	8辛	9壬	0癸	1甲	2乙
能力	傷官	部屬	4丁	3丙	6己	5戊	8辛	7庚	0癸	9壬	2乙	1甲
金錢	偏財	感情	5戊	6己	7庚	8辛	9壬	0癸	1甲	2乙	3丙	4丁
金錢	正財	感情	6己	5戊	8辛	7庚	0癸	9壬	2乙	1甲	4丁	3丙
事業	七殺	責任	7庚	8辛	9壬	0癸	1甲	2乙	3丙	4丁	5戊	6己
事業	正官	責任	8辛	7庚	0癸	9壬	2乙	1甲	4丁	3丙	6己	5戊
權利	偏印	保護	9壬	0癸	1甲	2乙	3丙	4丁	5戊	6己	7庚	8辛
權利	正印	保護	0癸	9壬	2乙	1甲	4丁	3丙	6己	5戊	8辛	7庚

數字十神個別涵義

(以下節錄八字十神洩天機—上冊)

凡所有一切同陰、同陽之相生、相剋稱之為偏（偏財、偏印、偏官），但偏不代表不好，也不代表委屈求全；凡所有一切不同陰、不同陽之相生、相剋都稱之為正（正財、正印、正官），但正不代表好，也不代表適合，只是代表我必須接受的為正，不一定要接受的為偏，所有一切的好與壞，要視十天干與十天干的對應，才能決定好與壞，此是學習數字、八字十神法最重要的心法，研習者不可不知。

1. 正官 (不同陰陽)

剋我為 正官、七殺（事業、責任）

涵義：在現實生活中，凡事讓我不得不接受的管教、管理的、約束的、控制的、改造的、阻礙的、牽制的、給予我壓力的一切人、事、物都稱之為正官。

實力：代表學位、名譽、名望、地位、合作手段。

性情：代表有規律、正直、保守、負責任、重紀律、守禮法。

2. 偏官（七殺）同陰陽

剋我為正官、七殺（事業、責任）

涵義：凡事讓我可有可無的接受、承擔、受限的一
　　　切人、事、物都稱之為偏官。

實力：代表權威、勢力、競爭手段。

性情：代表直接叛逆、敵對、不信任、剛烈、偏激、
　　　嚴肅而好勝。

3. 正印 (不同陰陽)

生我為　正印、偏印（權利、保護）

涵義：代表不得不接受的教育、學術，師出有名的
　　　權力，受到公證的文憑，公家的；得到關照，
　　　扶持，即是給我，愛我，撫育我，蔭我，給
　　　我恩惠的地方，對我有助力的地方，是我被
　　　動接受的地方，不得不的地方。

實力：代表權力、地位、靠山、後臺、聲譽、氣質、
　　　涵養、福蔭、學術與名譽。

性情：代表謙讓、溫文、慈祥、勤懇耐勞，重視名
　　　譽、愛惜面子、隱惡揚善。

4. 偏印 (同陰陽)

生我為　正印、偏印（權利、保護）

涵義：代表可有可無的教育、學術，較為師出無名
　　　權力、不是公證的文憑、私人的；得到關
　　　照，扶持，即是給我，愛我，撫育我，蔭我，
　　　給我恩惠的地方，對我有助力的地方，是我
　　　主動接受的地方，但也代表可要不可要接受
　　　的地方。

實力：代表怪異、點子王、第六感強、超俗、特殊
　　　領域。

性情：代表憂鬱、疑慮、孤癖、重幻想、心意不定、
　　　思想言行成熟老練。

5. 比肩 (同陰陽)

同我為　比肩、劫財（兄弟、客戶）

涵義：同五行無輩份之分，平起平坐，互相牽引，
　　　有如同輩之互動與關心，人際關係好，彼此
　　　既合作也競爭，代表不在意的競爭，屬同實
　　　力、旗鼓相當的競爭對手，有時也因我的不
　　　在意而讓我損失更多的競爭者。

實力：代表堅定自己之立場，強調自我的價值，不願接受別人的意見。

性情：代表崇尚自由、自主、冷靜、自私心與自尊心，自我意識較強，不易變通。

6. 劫財 (不同陰陽)

同我為 比肩、劫財 (兄弟、客戶)

涵義：同五行無輩份之分，平起平坐，互相牽引，有如同輩之互動與關心，人際關係好，彼此既合作也競爭，不同實力的競爭對手，也代表主動競爭對手，不得不接受的競爭對手，因有預防反而損失更少。

實力：代表人際關係，現實與理想之衝突、衝動，強烈的操作慾。

性情：代表有違規的性格傾向、執拗、嫉妒、不認輸、野心大、浮華不實、雙重性格、不重視社會規範。

7. 食神 (同陰陽)

我生為 食神、傷官（能力、部屬）

涵義：代表可有可無的表現、付出、關心；也代表
辛苦，責任，勞心勞力的付出，我付出愛心
關心的地方，是我心甘情願的付出，而是不
積極的，是被動付出的地方。

實力：我想追求的事物，代表內在才華的發揮、福
氣、溫和厚道、注重過程。

性情：代表偏於平淡知足、含蓄、保守、純僕，尊
奉傳統，溫柔多情，聰明伶俐，不喜表現，
重視精神與物質之協調。

8. 傷官 (不同陰陽)

我生為 食神、傷官（能力、部屬）

涵義：代表一定要表現的，一定要說出的話，一定
要有的舞台、付出、關心；也代表辛苦，責
任，勞心勞力的付出，我付出愛心關心的地
方，我很心甘情願的付出，而且是積極，主
動付出的地方。

實力：我想追求的事物，代表外在才華的發揮、才
　　　氣富於變化、創造力強、注重結果。

性情：代表偏於激情進取、任性、樂觀、活躍、驕
　　　傲，天真而具創造力，給人有一種新鮮感。

9. 正財 (不同陰陽)

我剋為　正財、偏財（金錢、感情）

涵義：代表我不得不去追求的地方，我必須操控的
　　　地方，但反而付出更多的體力，也未必得到
　　　更多的物質；我立志謀取的地方，我委屈求
　　　全的地方、我借地而居的地方，我造就別人、
　　　塑造別人的地方，是我積極要求、主導別人
　　　影響別人行為的地方，代表我想要的東西，
　　　是屬於積極主動控制，乃陰陽相吸之故。

實力：代表固定性財源，但非常久性的財源，及一
　　　切不動產，以及自己勞務、勞動、固定所得
　　　的報酬。

性情：常有自覺滿足之幸福感，代表節儉、憨直、
　　　謹慎、守本份取得之財物，委屈求全的取得。

10. 偏財 (同陰陽)

我剋為　正財、偏財（金錢、感情）

涵義：代表可有可無的掌控，可有可無的追求、操
　　　控，但反而輕而易舉的得到，得到更多的物
　　　質；我想謀取的地方，我造就別人、塑造別
　　　人的地方，是我想要求、想主導別人，想影
　　　響別人行為的地方，代表我想要的東西，是
　　　屬於主動控制。

　　　凡事讓我可有可無的掌控，讓對方接受、承
　　　擔、受限的一切人、事、物都稱之為偏財。

實力：代表不定性、不在意性之財源及一切動產，
　　　以及自己勞動、不固定所得的財物，但反而
　　　是大財。

性情：代表圓滑、幹練、慷慨、豪邁、急躁，很有
　　　交際手腕，處理事務圓滑而機智。

　　本書之後的另一本著作，
「解開神奇數字代碼《二》」，是透過車牌、
門牌、身份證、手機的末兩個尾數，來解開
其涵義、事項，敬請期待。

太乙（天易）老師經歷簡介

經歷：79 年成立太乙三元地命理擇日中心,開始從事命
　　　諮詢、陽宅、風水、堪輿服務,目前積極從事推
　　　廣五術,用大自然觀象法理論教學及諮詢服務。

現任台南市救國團命理五術指導老師

台南市國立生活美學館（前社教館）：**揭開八字的奧秘**
授課老師

附設長青生活美學大學：**揭開八字時空及姓名的奧秘**
授課老師

太乙（天易）老師著作簡介

著作：

七九年統一日報命理專欄作家,著作「果老星學祕論」。

八十年著作中原時區陰陽對照萬年曆,文國書局出版。

九九年十月著作的中原時區陰陽對照彩色版萬年曆。

一百年八月著作「窮通寶鑑評註」,筆名：太乙 。

一百年十月著作「八字時空洩天機-雷集」。雅書堂出版

◎一零一年三月出版「八字時空洩天機-風集」。雅書堂

◎一零一年七月出版「史上最便宜、最豐富、最實用彩
　色精校萬年曆」易林堂文化出版

◎一零一年八月出版《教您使用農民曆》易林堂出版

◎一零一年九月出版《教您使用農民曆及紅皮通書的第
　一本教材(上冊)》。易林堂文化出版

◎一零一年十一月《解開神奇數字代碼一》易林堂

◎**一零二年一月《解開神奇數字代碼二》易林堂**

本書編者，服務項目

★陰、陽宅鑑定，鄰近地區每間、每次壹萬陸仟捌佰元。

★現場八字時空卦象解析論命，每小時貳仟肆佰元整，超過另計（每十分鐘肆佰元整），以此類推。

★細批流年每年六仟六佰元整。

★取名改名每人六仟六佰元整

★姓名鑑定隨緣。

★剖腹生產擇日八仟八佰元整。

★一般擇日每項六仟六佰元整 （一項嫁娶）（二項.動土、上樑、入宅 ）（ 三項.入殮、進塔）

請事先以電話預約服務時間。以上價格至民國105年止，另行調整。

★八字時空卦高級班、終身班傳授面議。（不需任何資料直斷過去、現況、未來）。

★直斷式八字學傳授面議。

★十全派姓名學傳授面議。

★手機、電話號碼選號及能量催動傳授。

★陽宅、風水、易經六十四卦陽宅學傳授面議。

★九宮派、易經六十四卦、玄空、陽宅學傳授面議。

★**整套擇日教學：**一般擇日、入宅、安香、豎造、喪葬課、嫁娶結婚日課、 地理造葬課傳授面議。

★ **兩儀：**數字卦傳授教學《本書的實戰應用》

以上的教學一對一為責任教學，保證學成。

☞預約電話：0982571648　0929208166

　　　　　　（06）2158531　楊小姐

☞服務地址：台南市國民路270巷75弄33號

千載難逢的自然生態八字命理DVD寶典出爐了
鐵口直斷的切入角度 讓您茅塞頓開
馬上讓您快速進入命理堂奧

八字時空洩天機教學篇（初、中級）易林堂出版

特優價：3980 元

「八字時空洩天機-雷、風集」的
基礎理論及中階課程已錄製好現場教學
DVD影片，共有10集，每集約1小時30分
鐘，此套課程由「十天干、十二地支的
基礎，延申，八字排盤、掌訣、大運排
法，刑、沖、會、合、害的延申、應用
實際案例解析，太乙兩儀卦應用、實戰、
分析，讓您掌握快、狠、準的現況分析」；
全套10集共約15小時（價格低於市價，
市價平均每小時六佰元），原價六千六百元，優惠「雷、風
集」的讀者三千九百八十元，再附送彩色萬年曆及講義一
本，是學習此套學術最有經濟價值、最好最划算的一套現場
教學錄製DVD，內容活潑生動，原汁原味，可反覆播放研究，
讓您快速學習到此套精華的學術。

看過此DVD保證讓您八字功力大增十年。

◎購買此套 DVD 兩個月內，觀看影片內容有任何問題歡
　迎來電諮詢　※電話諮詢時間：
　星期一至星期五早上 10:00～11:00　下午 4:00～5:00
　諮詢專線：06-2158531(楊小姐、杜小姐)
　訂購方法：　1. 請撥 06-2158531(楊小姐、杜小姐)
　　　　　　　2. 傳 E-mail 到 too_sg@yahoo.com.tw
　　　　　　　3. 傳真訂購專線：06-2130812
　請註明訂購者姓名、電話、地址以及購買內容
　付款方法：1.郵局帳號：局號 0031204 帳號 0571561
　　　　　　　戶名：楊貴美
　　太乙文化事業部，有很多即時資訊，歡迎上部落格觀
賞。除此之外，筆者也不定時在 太乙文化事業 部落格與
大家分享相關最新訊息及上課心得。

請搜尋　　太乙文化事業　　有詳細資料

八字時空洩天機【雷集】 軟皮精裝 訂價:380元 作者:太乙

《八字時空洩天機》是結合「鐵板神數」之理論,利用當下的時間,作為一個契機的引動,也將一個時辰兩個小時的組合轉化為一百二十分鐘,再將一百二十分鐘套入於十二地支當中,每十分鐘為一個變化、一個命式,套入此契機法,配合主、客體的交媾直斷事項結果,結合第五柱論命的原理,及易象法則與論命思想精華匯集而成的一套學術。 本書突破子平八字命理類化的推命法則,及同年同月同日同時生的迷惑,而且其中的快、準、狠讓求算者嘖嘖稱奇。以最自然的生態、日月運行交替、五行變化,帶入時空,運用四季,推敲八字中的奧妙與玄機。

八字時空洩天機【風集】 軟皮精裝 訂價:380元 作者:太 乙

《八字時空洩天機》是結合「鐵板神數」之理論,利用當下的時間,作為一個契機的引動,也將一個時辰兩個小時的組合轉化為一百二十分鐘,再將一百二十分鐘套入於十二地支當中,每十分鐘為一個變化、一個命式,套入此契機法,配合主、客體的交媾直斷事項結果,結合第五柱論命的原理,及易象法則與論命思想精華匯集而成的一套學術。《八字時空洩天機》【風集】則從最基礎的《易經》卜求、五行概念、八字基礎,以十神篇,說明《八字時空洩天機》的命理基礎,再運用契機法,算出自己想知的答案,讓你在輕鬆的氛圍中,領悟出相關卦象及自然科學生態循環之要點,不求人地算出自己的前程未來。

八字十神洩天機【上冊】作者:太乙 易林堂 定價:398元

「八字十神洩天機—上冊」是再次經過精心設計編排的基礎五行、十天干、十二地支、十神特性論斷,彙集十神生成導引之事項細節延申、時空論斷及推命之步驟要領、論命之斷訣、八字天機秘論、個性導引十神代表,以及六十甲子一柱論事業、公司、老闆、六十甲子配合六十四卦,一柱斷訣之情性,結合時空論命訣竅及易經原理、直斷訣,論命技巧與思想、精華串連起來彙集而成的一套學術更是空前的編排組合,請拭目以待。

心易姓名學 作者 張士凱 易林堂出版 定價:320元

中國文化五千年來,老祖先的智慧「山、醫、命、相、卜」,而姓名學為相術的應用,也就是觀察字的意涵和數字五行「木、火、土、金、水 」的概念,以及五行的「生、剋、平」所產生的現象,和五行情性特質。本書探討數字的含意,以及五行「生、剋、平」和五格本身含意的說明。兩格之間「生、剋、平」的論法,以及如何論斷的應用說明,讓您見識到心易姓名學的魅力。

八字快、易、通　作者：宏宥　易林堂出版　定價：398 元

【八字 快、易、通】本書內容運用十天干、十
二地支，透過大自然情性法則，解析五行的屬性、
特質、意義。五行間的生剋變化，構成了萬物和磁
場之間的交互作用，為萬物循環不息的源頭。本書
捨棄傳統八字之格局、用神、喜忌，深入淺出之方

八字
快、易、通

式讓初學者很快進入八字的領域，為初學者最佳工具書。本書內容在兩
儀卦象、直斷式八字與時空卦的運用皆有詳細、精闢之論述。

面相課程內容及大綱

1. 人的五行形相：是將各種不同形貌氣質之人加以分類、歸納出
　　五種五行(木、火、土、金、水)形象。
2. 人的體相質地：透過第一眼印象即可判斷其個性、特質、喜好。
3. 面相術語：了解各部位名稱為進入面相的第一步驟。
4. 面相 12 宮位置：十二宮位部位的範圍認定。
5. 面相 13 部位置：以天地人三才為依據，也為面相之重要概念。
6. 上停位：先天祖上福德、公司優劣、少年階段。
7. 中停位：人際關係、財富。8. 下停位：老年榮衰、土地、田宅。
9. 十二宮相法大顯神通：

一. 命宮：事業、命運。　　二. 兄弟宮：兄弟、財、壽。
三. 夫妻宮：婚姻、情人。　四. 子女宮：子女、性慾。
五. 財帛宮：財富、積蓄。　六. 疾厄宮：健康、刑厄。
七. 遷移宮：外出之成就。　八. 奴僕宮：僕役、恆財。
九. 官祿宮：名譽、地位。　十. 田宅宮：住宅、親情。
十一. 福德宮：福德、福廕。　十二. 父母宮：與父母之緣份。

10. 分類相法概說：頭額、面頤、眉、眼、鼻、嘴、耳、人、中、
　　　　　　　　齒、痣、痕、斑。
11. 流年運：流年行運之吉凶禍福。
　　　　　　定位流年法、九執流年法、業務流年法、
　　　　　　三停流年法、耳鼻流年法。
12. 氣色：質與氣交媾而顯現於外之形式。
13. 透過上課直接觀相及演練。

◎ 初階，時數 13 小時　　中階，時數 13 小時
◎ 高階，時數 16 小時　　合計費用 $58000 元，共 42 小時

上課報名預約專線：0921021360　宏宥老師

◎ 面相論斷、教學　　◎八字、時空卦論斷、教學
◎兩儀卜卦論斷、教學　◎陽宅規劃、鑑定、教學

諮詢論命預約專線：0921021360　宏宥老師

您可以這樣玩八字　作者：小孔明　易林堂出版　定價：398元

　　您玩過瘋迷全世界的魔術方塊嗎？？？
解魔術方塊的層先法與推算八字有著異曲
同工之妙，方法是先解決頂層（先定出八字
宮位），然後是中間層（再找出八字十神），
最後是底層（以觀查易象之法來完成解
構），這種解法可以在一分鐘內復原一個魔
術方塊（所以可以一眼直斷八字核心靈魂）。命理是以時間為經，
空間為緯來交媾而出的立體人生，若說魔術方塊的解法步數為
《上帝的數字》，那八字則是《上天給的DNA密碼》，一樣的對
偶性與雙螺旋性，只要透過大自然生態的天地法則，熟悉日月與
五行季節變化的遊戲規則，就可以輕輕鬆鬆用玩索有得的童心去
解析出自己的人生旅程，準備好透過本書輕鬆學習如何來用自己
的雙手去任意扭轉玩出自己的命運魔術方塊嗎？

諮詢論命預約專線: 0920182255　小孔明老師
服務項目:
◎八字、時空卦論斷、教學◎姓名學論斷、取名、教學
◎兩儀卜卦論斷、教學　　◎陰陽宅論斷、教學

192